매일 말하고 써먹는 상황별 표현

톡톡
일본어
회화

기획편집부 지음

머리말

'어떻게 하면 일본어를 잘할 수 있을까?'

이 책을 보시는 여러분도 아마 한번쯤은 이런 고민을 해보셨을 겁니다. 일본 사람과 대화를 해본 분이라면, 꼭 긴 문장의 유창한 표현이 아니더라도 내 마음을 전할 수 있는 딱 한 마디가 참 아쉬울 때가 한 두 번이 아니었을 겁니다.

이 책은 기본적인 인사말부터 시작하여 대부분은 정중한 표현이 수록되어 있지만, 친구나 연인, 또는 아랫사람에게 하는 반말표현도 조금씩 들어 있어, 실제 회화의 맛을 볼 수 있도록 하였습니다. 철저하게 학습자의 입장에서, 짧은 한마디라도 어떤 상황에서 쓰는 말이며, 어떤 뉘앙스를 갖고 있는지, 설명을 달아 이해하면서 외울 수 있도록 한 것이 가장 큰 특징이라고 할 수 있습니다.

크게, 「기본의 기본편」과 「일본어로 친구사귀기」, 「내 마음을 전하는 감정표현」, 「멋지게 통하는 상황회화」, 그리고 비즈니스회화에서 꼭 필요한 장면을 설정한 「일본어로 비즈니스하기」, 마지막으로 일상생활에서 자주 쓰는 「외래어 미니사전」의 순으로 정리하였습니다.

모쪼록 학습자 여러분의 건승을 바라오며, 공부하시다가 궁금하신 점이나, 책에 대한 좋은 의견 있으신 분은 홈페이지에 의견 주시면 고맙겠습니다.

끝으로, 이 책의 감수를 맡아주신 박유자 선생님께 감사드리고, 학습자 한 분 한 분께 하나님의 은혜가 충만하기를 기원합니다.

기획편집부

목차

1. 기본의 기본

Day1	아침인사	10
Day2	낮인사	11
Day3	저녁인사	12
Day4	식사를 할 때	13
Day5	집을 나설 때	14
Day6	집에 돌아왔을 때	15
Day7	먼저 퇴근할 때	16
Day8	처음 만났다면	17
Day9	안부를 물어볼 때	18
Day10	헤어질 때	19
Day11	소개할 때	20
Day12	대답하기	21
Day13	방문할 때	22
Day14	누군가를 불러세울 때	23
Day15	기다리게 할 때	24
Day16	감사표현	25
Day17	되물어볼 때	26
Day18	사과할 때	27
Day19	허가를 구할 때	28
Day20	부탁할 때	29
Day21	금지할 때	30
Day22	물어볼 때 ①	31
Day23	물어볼 때 ②	32
Day24	물어볼 때 ③	33
Day25	물건을 구입할 때	34
Day26	나이를 물어볼 때	35
Day27	띠를 물어볼 때	36
Day28	때를 나타내는 말	37
Day29	자주 쓰는 부사	38

2. 일본어로 친구 사귀기

Day30	처음 만났을 때	40
Day31	개인적인 질문을 할 때	41
Day32	소개하기	42
Day33	직장을 물어볼 때	43
Day34	위치나 장소를 물어볼 때	44
Day35	층 수를 물어볼 때	45
Day36	누구 물건일까요?	46
Day37	브랜드를 물어볼 때	47
Day38	집에 찾아갔을 때	48
Day39	날씨에 대해 얘기할 때	49
Day40	생각이나 의견을 말할 때	50
Day41	뭐하는 곳이냐고 물어볼 때	51
Day42	구체적인 묘사를 물어볼 때	52
Day43	기호를 물어볼 때	53
Day44	취미를 물어볼 때	54
Day45	경험을 말할 때	55
Day46	당신의 특기는?	56
Day47	음료를 주문할 때	57
Day48	한 턱 내고 싶을 때	58
Day49	음식을 권할 때	59
Day50	식사중에	60
Day51	아침 식사에 대해	61
Day52	자신의 생각을 말할 때	62
Day53	계획을 물어볼 때 ①	63
Day54	계획을 물어볼 때 ②	64
Day55	계획을 물어볼 때 ③	65
Day56	다른 사람의 말을 전할 때	66
Day57	생각해 볼게요	67
Day58	누군가 했더니	68

Day59	많이 탔네요 … 69
Day60	날씬해지셨네요 … 70
Day61	그것, 어디서 났어요? … 71
Day62	뭐가 좋을까? … 72
Day63	쑥스럽게… … 73
Day64	잠깐 실례하겠습니다 … 74
Day65	여보세요 … 75
Day66	또 전화하겠습니다 … 76
Day67	전화 왔었다고 전해 주세요 … 77
Day68	안녕히 계세요(전화에서) … 78
Day69	자동응답기 … 79
Day70	전화하셨다면서요? … 80
Day71	전화바꿨습니다 … 81

3. 내 마음을 전하는 감정표현

Day72	동의할 때① … 84
Day73	동의할 때② … 85
Day74	부정할 때 … 86
Day75	사과할 때① … 87
Day76	사과할 때② … 88
Day77	부탁할 때 … 89
Day78	물어볼 때 … 90
Day79	되물어볼 때 … 91
Day80	권유할 때 … 92
Day81	재촉할 때 … 93
Day82	시간있냐고 물어볼 때 … 94
Day83	칭찬할 때 … 95
Day84	판단할 수 없을 때 … 96
Day85	축하할 때 … 97
Day86	용기를 북돋워줄 때 … 98

Day87	화제를 바꿀 때 … 99
Day88	협력을 구할 때 … 100
Day89	승낙할 때 … 101
Day90	기다리게 할 때 … 102
Day91	오해가 생겼을 때 … 103
Day92	기뻐할 때 … 104
Day93	놀랐을 때 … 105
Day94	불평불만을 말할 때 … 106
Day95	피곤할 때 … 107
Day96	후회할 때 … 108
Day97	재미있을 때 … 109
Day98	감동했을 때 … 110
Day99	무서워할 때 … 111
Day100	걱정스러울 때 … 112
Day101	부러워할 때 … 113
Day102	좋아할 때 … 114
Day103	부끄러울 때 … 115
Day104	격려할 때 … 116
Day105	안심할 때 … 117
Day106	연인과 헤어졌을 때 … 118
Day107	화가났을 때 … 119
Day108	변명할 때 … 120

4. 멋지게 통하는 상황회화

· 호텔예약

Day109	한국어를 할 수 있는 분 … 122
Day110	부탁합니다 … 123
Day111	얼마예요? … 124
Day112	철자를 부탁합니다 … 125
Day113	성함을 여쭤봐도 될까요? … 126

Day114	몇 시쯤 될까요?	127	
Day115	호텔을 찾고 있는데요	128	
Day116	비싸네요	129	
Day117	빈 방 있어요?	130	
Day118	취소하고 싶은데요	131	
Day119	이틀 더	132	
Day120	전화로 예약했어요	133	
Day121	성함이?	134	
Day122	장소는 어디예요?	135	
Day123	가르쳐 주세요	136	
Day124	몇 시가 좋으세요	137	
Day125	누구세요?	138	
Day126	죄송하지만…	139	
Day127	카드 돼요?	140	
Day128	괜찮을까요?	141	

·택시 타기

- Day129 택시를 불러 주세요 ····· 142
- Day130 여기로 가주세요 ······· 143
- Day131 가야 합니다 ············ 144
- Day132 네, 알겠습니다. ········· 145
- Day133 얼마나 걸립니까? ······ 146
- Day134 얼마예요? ············· 147

·전철·버스

- Day135 ~에 가려면 ············ 148
- Day136 어디예요? ············· 149
- Day137 시내로 가는 버스 ······ 150
- Day138 ~까지 얼마예요? ······ 151
- Day139 도착하면 알려주세요 ··· 152

- Day140 몇 번째예요? ·········· 153
- Day141 출구가 어디예요? ······ 154

·음식점 이용하기

- Day142 이 근처에 ············· 155
- Day143 비쌉니까? ············· 156
- Day144 예약하고 싶은데요 ····· 157
- Day145 몇 시라면 괜찮아요? ··· 158
- Day146 취소하고 싶은데요 ····· 159

·음식점에서

- Day147 지금 식사됩니까? ······ 162
- Day148 기다려 주시겠어요? ···· 163
- Day149 예약했습니다 ··········· 164
- Day150 주문 받으세요 ·········· 165
- Day151 어떤 요리예요? ········· 166
- Day152 같은 걸로 주세요 ······· 167
- Day153 튀김정식입니까? ······· 168
- Day154 시간이 없는데요… ····· 169
- Day155 아직 안나왔어요 ······· 170
- Day156 더 먹을 수 있어요? ····· 171
- Day157 네, 그러세요 ··········· 172
- Day158 치워 주세요 ············ 173

·계산하기

- Day159 계산해 주세요 ········· 174
- Day160 제가 낼게요 ············ 175
- Day161 같이 계산해 주세요 ···· 176
- Day162 맞지 않는데요 ········· 177
- Day163 괜찮습니다 ············ 178

Day164 만엔 받았습니다 ······ 179

·술집이용하기
Day165 맥주 주세요 ············ 180
Day166 안주있어요? ············ 181

·패스트푸드점에서
Day167 음료수는 어떠세요? ···· 182
Day168 가져갈 겁니다 ·········· 183

·쇼핑하기
Day169 어디에 있어요? ········ 184
Day170 어디서 살 수 있어요? ·· 185
Day171 어떻게 가면 되죠? ····· 186
Day172 몇 시까지입니까? ······ 187
Day173 20% 할인됩니다 ······· 188
Day174 그냥 좀 보는 거예요 ··· 189
Day175 면도기를 찾고 있는데요 190
Day176 유행하는 디자인 ······· 191
Day177 다른 색도 보여 주세요 · 192
Day178 비싸네요 ················ 193
Day179 이걸로 주세요 ·········· 194
Day180 조금더생각해보고하겠습니다 195
Day181 전부 얼마예요? ········ 196
Day182 카드로 계산할 때 ······ 197
Day183 포장됩니까? ············ 198
Day184 요금이 얼마예요? ······ 199
Day185 반품됩니까? ············ 200
Day186 흠이 나 있는데요 ······ 201
Day187 입어봐도 돼요 ·········· 202

Day188 딱 좋습니다 ············ 203
Day189 보여 주세요 ············ 204
Day190 스킨이 필요한데요 ···· 205
Day191 어떻게 사용합니까? ··· 206
Day192 위장약 있습니까? ······ 207
Day193 CD를 사고 싶은데요 ··· 208

·관광하기
Day194 지도 있습니까? ········ 209
Day195 시내를 관망할 수 있는 곳 210
Day196 학생 한 장 주세요 ······ 211
Day197 몇 시까지 엽니까? ····· 212
Day198 사진을 찍어도 됩니까? · 213
Day199 누르기만 하면 됩니다 · 214
Day200 걸어서 갈 수 있습니까? 215
Day201 한국어를할수있는가이드 216
Day202 중식포함인가요? ······· 217
Day203 매우 즐거웠습니다 ···· 218

·공연·스포츠 즐기기
Day204 콘서트에 가고 싶은데요 219
Day205 티켓을 구할 수 있을까요? 220
Day206 오늘 시합이 있습니까? · 221
Day207 스키장 지도를 주세요 ·· 222
Day208 몇 시에 멈춥니까? ····· 223
Day209 테니스 코트 있어요? ··· 224
Day210 한 시간에 얼마죠? ····· 225

·돌발사태
Day211 짐이 보이지 않습니다 ·· 226

Day	제목	쪽
Day212	여기로 연락해 주십시오	227
Day213	경찰에 연락해 주세요	228
Day214	전화해 주십시오	229
Day215	도난당했습니다	230
Day216	재발급해 주시겠어요?	231
Day217	도둑이 들었습니다	232
Day218	사고를 당했습니다	233
Day219	제 잘못이 아닙니다	234
Day220	피가 나고 있습니다	235
Day221	속이 좋지 않습니다	236

5. 일본어로 비즈니스하기

Day	제목	쪽
Day222	손님이 왔을 때	238
Day223	손님 안내하기	239
Day224	첫 만남(거래처 방문)	240
Day225	본격 비즈니스 ①	241
Day226	본격 비즈니스 ②	242
Day227	결정하기 전에	243
Day228	상대방의 의사를 확인할 때	244
Day229	대화를 이끌어 가는 한마디	245
Day230	계약이 성사되었을 때	246
Day231	성사되지 않았을 때	247
Day232	방문을 마치고 나올 때	248
Day233	관심이 담긴 표현	249
Day234	찾아온 손님에게	250
Day235	전화 ①	251
Day236	전화 ②	252
Day237	전화 ③	253
Day238	팩스를 보낼 때	254
Day239	팩스를 받고	255
Day240	접대-식사 초대	256
Day241	음식점에서	257
Day242	주문할 때	258
Day243	음식이 나오고	259
Day244	집에서 먹을 때	260
Day245	한창 식사중일 때	261
Day246	식사가 끝날 무렵	262
Day247	헤어질 때	263
Day248	가라오케에서	264
Day249	술자리에서	265
Day250	로비도 일본어로	266
Day251	충고나 조언을 할 때	267
Day252	칭찬할 때	268
Day253	칭찬을 받았을 때	269
Day254	회사에 대해 물어볼 때	270
Day255	업무에 대해 물어볼 때	271
Day256	일본어로 반말하기 ①	272
Day257	일본어로 반말하기 ②	273

6. 부록

외래어 미니사전 · · · · · · · · · · · · · · · 276

기본의 기본

아침인사

(학생이)안녕하세요?

おはようございます。

(선생님이)안녕?

おはよう。

아침 인사. 일본어는 영어처럼 때에 따라 인사말이 다르다. 「おはようございます。」는 원래 「はやい」(이르다)의 경어로, '참 이르십니다.' 하고 인사한 데서 나온 말이다. 친구나 손아랫사람에게는 「おはよう。」라고 한다.

일찍 나오셨네요.

おはやいですね。

일찍 왔구나.

今日(きょう)ははやいね。

우리는 "좋은 아침!" 하고 인사하기도 하는데, 일본에서는 이런 표현은 쓰지 않는다.

DAY 2 낮인사

안녕하세요?

こんにちは。

「こんにちは。」는 낮시간에 하는 인사말로 따로 경어표현이 없으므로 누구에게나 쓸 수 있다. 단, 「は」는 원래는 〔하〕지만 조사로 쓰일 때는 〔와〕로 발음하는 것에 주의!

점심은 드셨어요?

ひるごはんはもう食べましたか。

· もう : 이미, 벌써

예, 하고 왔어요. / 예, 먹었어요.

ええ、もう食べて来ました。

ええ、もう食べました。

아뇨, 아직 안 했습니다. 같이 할까요?

いいえ、まだです。ごいっしょにいかがですか。

편한 상대라면「いっしょにどうですか。」.

DAY 3 저녁인사

안녕하세요?

こんばんは。

저녁때 인사로, 직역하면 "오늘 밤은?"이란 뜻이지만,「こんにちは。」와 마찬가지로 "당신의 오늘 저녁은 어때요?(좋아요?)"라는 뜻이 내포되어 있다. 이것 역시 조사「は」는〔와〕로 발음한다. 따로 경어 표현이 없으므로 친구나 손윗사람 누구에게나 쓸 수 있다.

퇴근이 이르시네요.

お帰りがおはやいですね。

「お帰(かえ)りがはやいですね。」도 자주 쓴다.
· 帰(かえ)り: 귀가, 퇴근

어디 가시나보죠?

どこかいらっしゃるんですか。

예, 좀 볼 일이 있어서….

ええ、ちょっと用事があって…。

· 用事(ようじ): 볼일

DAY 4 식사를 할 때

(먹기 전에)잘 먹겠습니다.

いただきます。

꼭 식사 때만이 아니라 뭔가를 마실 때도 쓸 수 있다.

(먹고 나서)잘 먹었습니다.

ごちそうさまでした。

가족이나 친구끼리는 「ごちそうさま。」라고 한다.

입에 맞으셨어요?

お口(くち)に合(あ)いましたか。

· 口(くち)に合(あ)う: 입에 맞다

아주 맛있었어요.

とてもおいしかったです。

いただきます。

DAY 5 집을 나설 때

다녀오겠습니다.

行ってきます。

집이나 회사 어디에서나 쓸 수 있다. 정중하게 말해야 하는 자리라면 「行ってまいります。」라고 한다.

다녀오세요. / 다녀와라.

行ってらっしゃい。

보통 집에서 많이 쓰지만, 회사에서 직장 동료가 잠시 어디 다녀올 때도 쓸 수 있다. '갔다오라'는 뜻으로 아이에게도 어른에게도 똑같이 쓴다. 좀 더 정중하게 말할 때는 「いっていらっしゃい。」(다녀오십시오.)라고 한다.

(남편이)갔다올게.

行ってくるよ。

직장에서는 상사가 부하직원에게 이렇게 말하면 된다.

DAY 6 집에 돌아왔을 때

다녀왔습니다.

ただいま。

「ただいま。」는 '다녀왔습니다, 이제 왔어, 나 왔어' 등의 뜻으로 특별히 정중한 표현 없이 누구나 쓸 수 있는 표현이다.

이제 오세요? / 어서 오세요.

おかえりなさい。

이 때 맞이하는 사람은 「おかえりなさい。」라고 하는데 반말은 「おかえり。」(어서 와.)라고 한다.

왜 이렇게 늦었어요?

おそかったですね。 / おそかったわね。

(남편이) 오늘 회식이 있었어.

今日会食があったんだ。
きょうかいしょく

· 会食(かいしょく): 회식

DAY 7

먼저 퇴근할 때

먼저 퇴근하겠습니다.

おさきに失礼します。
　　　　しつれい

「しつれいします。」는 원래 "실례하겠습니다."란 뜻인데, 여기서는 "가겠습니다."란 뜻으로 직장에서 먼저 퇴근할 때나 어떤 자리에서 먼저 일어날 때 쓰는 말이다. 또, 전화를 끊을 때 "안녕히 계세요"의 뜻으로 쓰기도 한다. 「お先(さき)に」는 '먼저'라는 뜻의 「先(さき)に」에 정중한 뜻을 나타내는 「お」가 붙은 말이다.

수고하셨습니다.

おつかれさまでした。

먼저 갈게.

じゃ、おさきに。

안녕! / 또 봐.

じゃね。

DAY 8 처음 만났다면

처음 뵙겠습니다.

はじめまして。

처음 만났을 때 주저 없이 나와야 하는 인사말.

김민수라고 합니다.

Kim Min Suともうします。

잘 부탁드립니다.

どうぞよろしく。

더 정중하게 말하고 싶다면 뒤에「おねがいします。」(부탁합니다.)를 덧붙이면 된다.

저야말로 잘 부탁드립니다.

こちらこそどうぞよろしく。

앞에「いや」(아뇨)나「いいえ」(아니오)를 넣어 말해도 OK.

DAY 9 안부를 물어볼 때

건강하세요?
お元気(げんき)ですか。

"잘 지냈니?" 하고 반말로 할 때는 「元気(げんき)?」.

별고 없으세요?
お変(か)わりありませんか。

이때 대답은 「ええ、おかげさまで。」(네, 덕분에요.)로 대답하면 된다.

여전히 바쁘신 것 같네요.
相変(あいか)わらずお忙(いそが)しそうですね。

· 相変(あいか)わらず: 여전히
· お忙(いそが)しそうだ: 바쁘신 것 같다

그저 그렇습니다.
まあまあです。

헤어질 때

그럼, 또. / 또 봐요.

じゃ、また。

친구나 동료에게 쓸 수 있는 표현. 「じゃあね。」「それじゃ、またね。」라고도 한다.
· じゃ: 그럼 = では〔데와〕
· また: 또

안녕히 가세요. / 안녕.

さようなら。

내일 또 볼 사람이 아니라 당분간 헤어지게 되었거나 멀리 떠날 때 쓰는 인사말이다. 노래 제목 '안녕이라고 말하지 마'를 일본어로 하면 「さようならといわないで。」.

또 만나요.

またお会いしましょう。

더 정중한 표현은 「またお目(め)にかかります。」(또 뵙겠습니다.) 친구 사이라면 「またね。」「バイバイ。」라고 하면 된다.

DAY 11

소개할 때

제 친구를 소개하겠습니다.

ぼくの友人(ゆうじん)を 紹介(しょうかい)します。

흔히 정중하게 "소개해 드리겠습니다."라고 할 때는 「ご紹介(しょうかい)します。」라고 한다. 「ぼく」는 남자가 자신을 가리키는 말이고, 여성이라면 「わたし」라고 한다. "소개해 주세요"는 「紹介(しょうかい)してください。」반말은 「紹介(しょうかい)してよ。」(소개해 주라~.)

· ぼく(僕): 나, 저(남자가 쓰는 말)
· 友人(ゆうじん): 친구 = ともだち

다나카 씨와는 한 번 뵌 적이 있었나요?

田中(たなか)さんとは一度(いちど)お会(あ)いしたことがありましたか。

「お会(あ)いする」(만나뵙다)는 「会(あ)う」(만나다)의 높임말.
· 一度(いちど): 한 번
· ~たことがある: ~한 적이 있다

기무라 씨, 이쪽은 마리 씨예요.

きむらさん、こちらはマリさんです。

DAY 12 대답하기

예.

はい。

여성의 경우 「ええ」도 회화에서 자주 쓴다. 반말은 「うん」(응).

아니오.

いいえ。

「いや」(아니)는 혼잣말로 많이 쓴다.

아뇨, 아닙니다.

いいえ、ちがいます。

네?

えっ？/ はい？

무슨 말인지 잘 못 알아들었을 때 되묻는 표현이다. 이때 끝을 약간 올려서 발음한다.

DAY 13 방문할 때

실례하겠습니다.

失礼(しつれい)します。

누군가 사무실 문을 두드리면서 이렇게 말한다면 「はい、どうぞ。」(예, 들어오세요.) 하고 맞으면 된다. 「失礼します。」는 남의 집이나 사무실에 들어갈 때도 쓰지만, 어떤 자리에서 먼저 일어날 때나 전화를 끊을 때도 쓸 수 있다.

누구 계세요?

ごめんください。

가게나 집을 방문했을 때 사람이 있는지 확인할 때 쓰는 인사말이다. '계세요?' '실례합니다'의 뜻. 「ごめんなさい。」(미안해요.)가 아니라 「ごめんください。」이다.

그럼 좀 들어가겠습니다.

じゃ、おじゃまします。

「じゃま」는 '방해'란 뜻이므로 직역하면 "방해하겠습니다."이지만 관용적으로 쓰는 표현이다. 볼일을 마치고 나올 때는 「おじゃましました。」 하고 나오면 된다.

DAY 14 누군가를 불러세울 때

기무라 씨.

きむらさん。

「~さん」은 '~씨, 님'의 뜻으로 사람을 부를 때 가장 일반적으로 많이 쓰는 말이다. 단, 우리말은 '홍길동 씨'처럼 성과 이름을 다 부르지만, 일본에서는 「기무라 타쿠야」가 이름이라면 성(姓)에만 붙여 대개 '기무라상'과 같이 부르는 것이 보통이다.

선생님!

<ruby>先生<rt>せんせい</rt></ruby>!

학교 선생님뿐만 아니라 대학교수님도 직접 부를 때는 이렇게 부른다.

여보세요. / 여기요.

すみません。

음식점에서 점원을 부를 때나 사람을 부를 때 쓰는 말. 「おばさん」(아줌마), 「おじさん」(아저씨)과 같이 부르면 실례가 되므로 주의! 좀 더 격의 없는 표현으로 「ちょっといいですか。」(잠깐 괜찮아요?)라고도 하는데 어조에 따라서는 불쾌하게 들릴 수도 있다.

DAY 15 기다리게 할 때

잠깐만요.

ちょっと待ってください。

어딘가 급히 가려는 사람을 멈추게 하거나 잠깐 기다리게 할 때 쓰는 표현. 「ちょっと」는 원래 '조금'이란 뜻이지만, 이 때는 '잠깐'이란 뜻이다. "잠깐만(기다려)."이라고 할 때는 「ちょっと待(ま)って!」라고 한다.

잠시만 기다리십시오.

少々お待ちください。

「少々」의 「々」는 같은 한자가 반복될 때 쓰는 글자다.
· 時々(ときどき): 때때로
· 益々(ますます): 점점

기다리셨지요?

お待たせしました。

상대방을 기다리게 해서 미안하다란 뜻이 담긴 표현이다.

DAY 16

감사표현

고맙습니다.

どうも。

지하철에서 자리를 양보받았을 때 등 가볍게 고맙다고 할 때 쓰는 말이다. 뒤에 「ありがとうございます」가 생략되었다. 상대의 친절에 고마운 마음을 가볍게 전달할 때는 "미안해서 어쩌죠." 정도의 뉘앙스로 「すみません。」도 많이 쓴다.

지난번에는 정말 감사했습니다.

先日はどうもありがとうございました。
(せんじつ)

'이렇게 고마울 때가'라든지, '뭐라 감사의 말씀을 전해야 할지…' 등과 같이 말하고 싶을 때 이렇게 말하면 된다.

정말 감사해하고 있습니다.

とても感謝しています。
(かんしゃ)

약간 딱딱한 표현이지만, 비즈니스에서는 흔히 쓸 수 있는 표현.

아뇨, 별말씀을.

いいえ、どういたしまして。

DAY 17 되물어볼 때

네?

えっ?

상대방의 말을 잘 못 알아들었을 때 쓰는 말이다. 놀라서 되물을 때는 「えっ? なに?」(어? 뭐?) 「えっ? なんですって?」(네? 뭐라구요?).

좀 더 천천히 말씀해 주시겠어요?

もう少しゆっくり話していただけますか。

- もう少(すこ)し: 좀 더
- ゆっくり: 천천히
- ~ていただけますか: ~해 주실 수 있습니까? ~해 주시겠어요?

잘 모르겠어요.

よくわかりません。

다시 한번 말씀해 주시겠어요?

もう一度おっしゃっていただけますか。

- もう一度(いちど): 한번 더 = もう一回(いっかい)

DAY 18

사과할 때

죄송합니다.

申(もう)しわけありません。

어떤 잘못을 저질렀을 때 정중하게 사과하는 표현이다. 더 정중한 표현은 「申(もう)しわけございません。」.

죄송해요. / 미안해요.

すみません。

미안합니다.

ごめんなさい。

친구에게는 「ごめん。」(미안.) 「ごめんね。」(미안해.), 남자들끼리는 「わるいわるい。」「わるかった。」「もうしわけない。」도 많이 쓴다.

괜찮아요.

いいんですよ。

DAY 19

허가를 구할 때

여기 앉아도 됩니까?

ここに座ってもいいですか。

"이 자리 비어 있어요?"라고 물을 때는 「ここ、あいてますか。」라고 해도 된다.

이것, 써도 돼요?

これ、使ってもいいですか。

허가를 구할 때 가장 기본적인 문형이 「〜てもいいですか」이다.

안에 들어가도 돼요?

中に入ってもいいですか。

· 中(なか)に入(はい)る: 안에 들어가다

네, 그러세요.

ええ、どうぞ。

허락하는 표현이다.

부탁할 때

부탁드립니다.

お願いします。

더 정중한 표현은「お願(ねが)いいたします。」.

좀 도와 주시겠어요?

ちょっと手伝っていただけますか。

부탁드려도 될까요?

お願いしてもいいですか。

"부탁이 있는데요."는「お願(ねが)いがあるんですが。」.

부탁해!

お願い!

친구끼리 또는 손아랫사람에게 쓰는 말.

DAY 21

금지할 때

여기서 담배를 피우면 안 됩니다.

ここでタバコを吸ってはいけません。

「~てはいけません」은 "~해서는 안 됩니다"란 뜻으로 대표적인 금지 표현의 하나이다. 또, 「いけません。」은 "안 됩니다."의 뜻으로 따로 쓸 수도 있다.

그만하세요. / 그만해.

やめなさい。

윗사람에게는 쓸 수 없는 강한 금지의 표현이다. 친구끼리 "됐어, 그만해." 할 때는 「もういい。」라고 한다.

여기에 주차하면 안 됩니다.

ここに駐車してはいけません。

촬영금지.

撮影禁止。

물어볼 때 ①

얼마예요?

いくらですか。

· いくら: 얼마(가격을 물어볼 때)

화장실은 어디입니까?

トイレはどこですか。

「どこ」는 '어디'의 뜻으로 장소를 묻는 말이다. 참고로 장소를 물을 때 「どこですか。」는 "어디예요?" "어디에 있어요?"란 뜻이고, 어떤 장소를 가리키며 「なんですか。」라고 하면 "뭐하는 곳이에요?"란 뜻이 된다.

· ここ: 여기 · そこ: 거기 · あそこ: 저기 · どこ: 어디

이건 뭐예요?

これは何ですか。

「何(なん)ですか。」는 "뭐예요?" "무엇입니까?"란 뜻으로 사물의 이름을 묻는 표현이다.

· これ: 이것 · それ: 그것 · あれ: 저것 · どれ: 어느것

DAY 23

물어볼 때 ②

지금 몇 시예요?

今何時ですか。
_{いまなんじ}

"4시 조금 지났습니다."는 「4時(よじ)すぎです。」 "4시 10분 전입니다."는 「4時(よじ)10分前(じゅっぷんまえ)です。」.

언제예요?

いつですか。

「いつ」 대신 「どこ」(어디) 「どちら」(어느쪽) 「だれ」(누구) 등을 넣어 물어보자.

성함은?

お名前は?
_{なまえ}

왜요?

どうしてですか。

「なんで?」(어째서?)도 회화에서 자주 쓰는 표현이다.

DAY 24

물어볼 때 ❸

이 자동차는 어디 거예요?

この 車はどこのですか。

의문사「どこ(어디)」에「の(것)」가 붙은 표현으로 '어디 것', 즉 '어느 나라(혹은 브랜드)것'이냐는 뜻이다. "누구 거예요?"라고 할 때는「だれのですか。」라고 하면 된다.

· 車(くるま): 자동차, 차

일본 것입니다.

日本のです。

일본에서 여기(한국)까지 실어왔어요?

日本から韓国まで持ってきたんですか。

네, 배로 실어 왔죠.

ええ、船で来ました。

· 船(ふね): 배

DAY 25 물건을 구입할 때

(머뭇거리다가) 그럼, 이걸로 주세요.

じゃ、これをください。

「じゃ」는「では」의 회화체로 '그럼'이란 뜻.「~をください」는 '~을 주세요'란 뜻으로 조사「を」(을/를) 앞에 필요한 말을 넣어 말하면 된다.

(물건을 가리키며) 이거하고 이거 하나씩 주세요.

これとこれ、ひとつずつください。

포장해 드릴까요?

おつつみいたしましょうか。

· つつむ: 싸다, 포장하다
· お+ます형+いたす: ~해 드리다

따로 따로 포장해 주세요.

べつべつにつつんでください(おねがいします)。

"아뇨, 그냥 주세요."라고 할 때는「いいえ、そのままでいいです。」
· べつべつに: 따로따로

DAY 26 나이를 물어볼 때

나이가 어떻게 되세요?

おいくつですか。

나이를 물을 때 쓰는 일반적인 표현이다. 우리말의 "연세가 어떻게 되세요?"나 "나이가 어떻게 되세요?" 등에 해당하는 말. 앞에 「しつれいですが」(실례지만)을 덧붙이면 더욱 정중하게 들린다.

몇 살이니?

いくつ?

만으로 / 한국 나이로(세는 나이로)

満(まん)で / 数(かぞ)えで

30대 초반이에요.

３０代前半(さんじゅうだいぜんはん)です。

후반은 「後半(こうはん)」, 갓 서른은 「30そこそこ」로 표현한다.
- 30代(さんじゅうだい): 30대
- 20代(にじゅうだい): 20대

띠를 물어볼 때

실례지만, 무슨 띠예요?

しつれいですが、えとは何(なん)ですか。

'띠'는 일본어로 「えと」라고 한다. 띠를 읽는 법은 우리와 같은데 단, 돼지 띠는 「ぶた」가 아니라 「いのしし」(멧돼지)라고 부른다.

- ね(ねずみ: 쥐) · うし(소)   · とら(호랑이)   · う(うさぎ: 토끼)
- たつ(용)   · み(へび: 뱀) · うま(말)   · ひつじ(양)
- さる(원숭이)   · とり(닭)   · いぬ(개)   · い(いのしし: 돼지)

원숭이 띠예요.

さるどしです。

「さる」(원숭이) 대신 해당하는 띠를 넣어 말하면 된다.

네? 그럼 저랑 동갑이네요.

え? じゃ、私(わたし)とおないどしですね。

「年(とし)」는 '해, 나이'라는 뜻이고, 「おない」는 「同(おな)じ」(같다)라는 뜻이다. '연상'은 「年上(としうえ)」 '연하'는 「年下(とししした)」.

DAY 28 때를 나타내는 말

밤에 몇 시에 자요?

夜何時に寝ますか。
よるなんじ　ね

아침에 몇 시에 일어나요?

朝何時に起きますか。
あさなんじ　お

점심 때쯤 찾아뵙겠습니다.

おひるごろうかがいます。

아침은 「あさ」, 낮은 「ひる」, 밤은 「よる」라고 한다. 우리말은 "밤에 몇 시에 잡니까?"처럼 조사 '에'가 들어가지만, 아침, 점심, 밤과 같은 단어에는 '에'에 해당하는 조사 「に」를 붙이지 않는다.

> ☆ 때를 나타내는 말
> ・朝(あさ): 아침　　　・昼(ひる): 점심　　　・夜(よる): 저녁, 밤
> ・昨日(きのう): 어제　・今日(きょう): 오늘　・明日(あした): 내일
> ・今年(ことし): 올해　・去年(きょねん): 작년　・来年(らいねん):내년
> ・先週(せんしゅう): 지난주　　・今週(こんしゅう): 이번 주
> ・来週(らいしゅう): 다음 주　・さ来週(さらいしゅう): 다다음 주

DAY 29 자주 쓰는 부사

평상시대로.

いつものように。

'언제나처럼' '항상 그랬던 것처럼' 등의 뜻.

보통 몇 시에 집을 나섭니까?

いつも何時(なんじ)に家(いえ)を出(で)ますか。

대부분의 사람. / 대부분의 경우.

たいていの人(ひと)。/ たいていの場合(ばあい)。

「たいてい」는 '대개', '대체적으로'란 뜻이고, 「いつも」는 '항상', '평소', '평상시'의 뜻으로 쓰인다.

> ☆ 빈도를 나타내는 말
>
> ・いつも: 항상　　　　　　　・よく: 자주, 잘
>
> ・ときどき: 때때로　　　　　・たまに: 가끔
>
> ・たまたま: 가끔, 때로는　　・めったに: 거의(+부정)

일본어로 친구 사귀기

처음 만났을 때

처음 뵙겠습니다. 다나카입니다. 잘 부탁합니다.

はじめまして。田中です。どうぞよろしく。

개인적인 만남이든 비즈니스든, 처음 만났을 때는 「はじめまして。」라고 인사하면 된다. "처음 뵙겠습니다." "안녕하세요?"의 뜻으로 가장 일반적인 인사말이다. 그 다음은 자신의 이름에 「です」(입니다)를 붙여서 「홍길동です。」와 같이 소개하면 된다.

처음 뵙겠습니다. 김민수입니다. 저야말로 잘 부탁드립니다.

はじめまして。金ミンスです。

こちらこそどうぞよろしく。

「こちらこそ」는 '이쪽이야말로'란 뜻이다. 경어에서는 「わたし」, 「これ」, 「ここ」 등의 완곡한 표현으로 「こちら」를 쓰는 경우가 많다.

- 만나게 되어 반갑습니다.
  お会いできてうれしいです。
- 만나뵙게 되어 영광입니다.
  お目にかかれて光栄です。

DAY 31 개인적인 질문을 할 때

실례지만, 다나카 씨는 고등학생이에요?

しつれいですが、田中さんは高校生ですか。

일본 사람에게 뭔가 개인적인 질문을 할 때 요긴하게 쓸 수 있는 말이 「しつれいですが」(실례지만)이다. 「しつれいですが」하고 잠시 뜸을 들임으로써 상대방이 대답할 준비를 할 수 있도록 배려하는 마음이 담긴, 매우 일본어다운 표현이다. 하지만, 처음 만나는 사람에게 월급이나, 학력(출신학교), 결혼여부, 나이 등을 묻는 것은 피하는 것이 좋다.

아뇨, 대학생입니다.

いいえ、大学生です。

고등학생은 「高等学生(こうとうがくせい)」라 하지 않고 「高校生(こうこうせい)」라고 한다. 보통 「学生(がくせい)」라고 하면 대학생을 가리킨다.

· 대학생: 大学生(だいがくせい)
· 고등학생: 高校生(こうこうせい)
· 중학생: 中学生(ちゅうがくせい)
· 초등학생: 小学生(しょうがくせい)

DAY 32 소개하기

다나카 씨, 이 쪽은 스즈키 씨예요.

田中さん、こちらはすずきさんです。

안녕하세요. 스즈키입니다. 앞으로 신세 좀 지겠습니다.

はじめまして、すずきです。いろいろお世話になります。

「お世話(せわ)になります。」는 (업무상 혹은 개인적으로) 앞으로 같이 지내게 될 사람에게 잘 부탁한다는 뜻에서 건네는 인사말이다.
· いろいろ: 여러가지(로)
· お世話(せわ)になる: 신세를 지다

별말씀을 다 하십니다.

とんでもありません。

「とんでもありません。」은 "천만에요." "별말씀을 다 하십니다." 정도에 해당하는 말로, 상대방이 감사나 칭찬의 말을 했을 때, 겸손하게 응대하는 관용표현이다. 반말로 "천만에.", "무슨 그런 말을." 할 때는 보통체 「とんでもない。」라고 말하면 된다.

직장을 물어볼 때

실례지만, 스즈키 씨의 회사는 어디십니까?

しつれいですが、すずきさんの会社はどちらですか。

어느 회사에 다니는지를 묻는 표현이다. "댁이 어디세요?"라고 물을 때는 「会社」대신 「お宅(たく)」 또는 「お住(す)まい」를 넣어서 물어보면 된다. 「どちらですか。」는 "어느 쪽입니까?"라는 뜻으로 방향을 물을 때도 쓰지만, 상황에 따라 회사나 학교 이름, 또는 그곳의 위치를 물을 때도 쓴다. 참고로, 모르는 사람이 찾아왔을 때 「どちらさまですか。」라고 하면 "누구시죠?"라는 뜻이다.

· 会社(かいしゃ): 회사

도쿄 상사입니다.

東京 商事です。

· 東京商事(とうきょうしょうじ): 도쿄 상사

위치나 장소를 물어볼 때

죄송하지만, 화장실은 어디예요?

すみませんが、トイレはどこですか。

「どこですか。」는 "어디예요?" "어디에 있어요?"의 뜻으로 위치를 물어보는 말이다.

화장실은 저기예요.

トイレはあそこです。

그럼, 목욕탕은?

じゃ、おふろは?

목욕탕도 거기예요. 화장실과 목욕탕은 같이 있어요.

おふろもあそこです。

トイレとおふろはいっしょです。

「おふろ」는 대중목욕탕이 아니라 집에 있는 목욕탕(욕실)을 말하며, 대중목욕탕은 「銭湯(せんとう)」라는 말이 따로 있다. 집에서 목욕하는 것은 「おふろに入(はい)る」, 목욕탕에 가는 것은 「銭湯(せんとう)に行(い)く」라고 한다.

층 수를 물어볼 때

저기는 뭐예요?

あそこはなんですか。

「なんですか。」는 사물의 이름을 묻는 말이지만, 건물이나 기관 등에 쓰면 쓰이는 용도나 기능을 묻는 말이 된다.

부엌이에요.

台所<small>だいどころ</small>です。

그럼, 김민수 씨 방은 몇 층이에요?

じゃ、金<small>キム</small>さんの部屋<small>へや</small>は何階<small>なんがい</small>ですか。

우리말의 '~층'을 일본어로는 「~かい(階)」라고 한다. 이와 발음이 같은 말로 '횟수'를 나타내는 「回(かい)」가 있는데, 차이점은 앞에 숫자 3이 올 때 '3회, 세 번'은 「さんかい」, '3층'은 「さんがい」로 발음하고 나머지 숫자가 앞에 올 때 읽는 방법은 같다.

제 방은 2층이에요.

私<small>わたし</small>の部屋<small>へや</small>は2階<small>にかい</small>です。

DAY 36

누구 물건일까요?

다나카 씨, 이건 누구 가방이에요?

田中さん、これはだれのかばんですか。

「だれのかばん」은 '누구의 가방' 즉 '누구 가방'이라는 뜻이다. 일본어는 명사와 명사가 연결될 때 중간에 「の」가 들어가지만, 우리말에서는 거의 생략되는 경우가 많다. 「の」는 '~의'라는 뜻 말고도 '~의 것'이란 뜻도 있어, 「わたしのです。」하면 "제 것이에요."라는 뜻이 된다.

앗, 미안해요. 그거 제 거예요.

あっ、すみません。それは私のです。

「あっ、すみません。」(앗, 미안해요.)은 자신이 놓아둔 가방 때문에 상대방에게 혹 폐를 끼쳤을까 하는 생각에서 가볍게 사과하는 뜻으로 한 말이다.

·かばん: 가방(발음은 우리말과 같다.)
·あっ: 앗
·わたしの: 내 것

DAY 37

브랜드를 물어볼 때

실례지만, 그 가방은 어디 거예요?

しつれいですが、そのかばんはどこのですか。

「どこの~」는 '어디의 ~' '어디에서 만든 ~'이라는 뜻이다. 그 물건을 만든 국가명이나, 그 물건을 만든 회사, 즉 브랜드를 물어볼 때 쓰는 말이다. 또, 「そのかばんはどこのですか。」(그 가방은 어디 거예요?)는 「それはどこのかばんですか。」라고 해도 같은 뜻이다.

일본 거예요.

日本のです。

「日本(にほん)のです。」하면 "일본 것입니다." 즉 "일제입니다."라는 뜻이다. 「日本」대신「韓国」(かんこく: 한국),「アメリカ」(미국),「フランス」(프랑스),「ドイツ」(독일) 등 국가명을 넣거나 샤넬(シャネル), 삼성(サムスン) 등 브랜드 이름을 넣어 말하면 된다.

· 日本(にほん): 일본(「にっぽん」으로 읽기도 한다.)

DAY 38

집에 찾아갔을 때

누구 계세요?

ごめんください。

「ごめんください。」는 남의 집에 들어가면서 집주인을 부를 때 쓰는 말로, "계십니까?", "누구 안 계세요?"의 뜻이다.

앗, 김민수 씨. 어서오세요. 자, 들어오세요.

あっ、金(キム)さん。いらっしゃい。さあ、どうぞ。

「いらっしゃい。」는 찾아온 손님을 반갑게 맞이할 때 쓰는 말이다.
「さあ、どうぞ。」는 손님을 안내할 때 쓰는 말로, "어서 들어오세요." "이쪽으로 오세요." 정도에 해당한다.

실례하겠습니다.

おじゃまします。

「おじゃまします。」는 남의 집에 들어가면서 자신이 들어감으로써 방해가 되어 죄송하다는 뜻이 담긴 표현으로, "그럼, 좀 들어가겠습니다." "실례하겠습니다."란 뜻이다.

날씨에 대해 얘기할 때

오늘은 날씨가 참 좋군요.

きょうはとてもいい天気ですね。

"날씨가 좋군요."라고 할 때는, 우리말을 그대로 직역해서 「天気(てんき)がいいですね。」하기보다는 「いい天気(てんき)ですね。」라고 하는 것이 훨씬 자연스럽다.

친구 사귀기

그렇군요. 어딘가 가고 싶네요.

そうですね。どこか行きたいですね。

「そうですね。」는 위의 대화문과 같이 상대방의 말을 인정하고 맞장구칠 때도 쓰지만, 상대방의 질문에 대답을 바로 못하고 잠시 생각할 때 "글쎄요"나, 자신의 생각이 옳다는 것을 상대방에게 확인할 때 "그렇지요?" "맞지요?" 할 때도 쓴다.

- 시원하네요.　　　　　すずしいですね。
- 비가 오네요.　　　　　雨が降っていますね。
- 덥네요.　　　　　　　暑いですね。
- 눈이 오네요.　　　　　雪が降っていますね。
- 바람이 많이 부네요.　　風が強いですね。

생각이나 의견을 말할 때

그런데, 이 방은 밝네요.

ところで、この部屋(へや)は明(あか)るいですね。

네, 김민수 씨 방은 어떤데요?

ええ、金(キム)さんの部屋(へや)はどうですか。

「ええ」는 「はい」보다 격의 없고 부드러운 표현으로, 회화체에서 가볍게 대답할 때 많이 쓴다.

음~. 좀 어둡지만, 아주 조용해요.

そうですね。ちょっと暗(くら)いですが、とても静(しず)かです。

「ちょっと」는 '조금' '약간'의 뜻으로, 부정문 앞에 와서 말을 부드럽게 하는 역할을 하며, 문장체보다는 회화체에서 주로 쓰인다.

· 部屋(へや): 방
· 明(あか)るい: 밝다
· 暗(くら)い: 어둡다
· 静(しず)かだ: 조용하다

뭐 하는 곳이냐고 물어볼 때

김민수 씨, 저 건물은 뭐예요?

金(キム)さん、あの建物(たてもの)はなんですか。

'건물'은 한자로 「建物」라고 쓰고 「たてもの」라고 읽는다. 「けんぶつ (見物)」로 읽으면 '구경' '관광'이라는 뜻이다.

어느것이요?

どれですか。

저것 말이에요.

あれですよ。

아, 저건 시청이에요.

あー、あれは市役所(しやくしょ)です。

「市役所(しやくしょ)」는 '시청'이란 뜻이고, 「役所(やくしょ)」(야쿠쇼)라고 하면 관청을 통틀어 칭하는 말이다. 「しちょう」라고 하면 '시청'이 아니라 '시장(市長)'이란 뜻으로 오해받을 수도 있다. 또, 공무원은 「公務員(こうむいん)」이라고도 하지만, 「役人(やくにん)」이라고도 한다.

DAY 42

구체적인 묘사를 할 때

서울시의 마크는 어떤 마크예요?

ソウル市のマークはどんなマークですか。

「どんな」는 '어떤'의 뜻으로, 어떤 사물에 대한 구체적인 특징이나 모양을 물을 때 쓴다. 또, 이 「どんな」를 사람에게 써서, 「Aさんはどんなかたですか。」(A씨는 어떤 분이십니까?)라고 하면 그 사람의 외모나 성격 등을 묻는 말이 된다.

저거예요. 태양과 산과 강의 이미지예요.

あれですよ。太陽と山と川のイメージです。

- 太陽(たいよう): 태양
- 山(やま): 산
- 川(かわ): 강
- イメージ: 이미지

● 어떤 회사예요?	どんな会社ですか。
● 어떤 노래예요?	どんな歌ですか。
● 어떤 사람이에요?	どんな人ですか。
● 어떤 책이에요?	どんな本ですか。

기호를 물어볼 때

그런데, 다나카 씨는 계절 중에 언제가 가장 좋아요?

ところで、田中(たなか)さんは季節(きせつ)の中(なか)でいつが一番(いちばん)好(す)きですか。

「~の中(なか)で」는 '~중에서'라는 뜻이다. '~중에서'가 가리키는 내용에 따라 적절한 의문사를 골라 써야 하는데, 가령 위와 같이 계절이나 시간은「いつ」(언제), 물건이면「なに」(무엇), 사람이면「だれ」(누구)를 넣어서 말하면 된다.「好(す)きだ」는 '좋아하다'는 뜻의 ナ형용사로 그 대상을 나타내는 조사는「を」(을 / 를)가 아니라「が」(이 / 가)를 쓴다는 점에 유의하자. 반대말은「きらいだ」(싫어하다).

· ところで: 그런데(화제를 바꿀 때)
· 季節(きせつ): 계절
· 一番(いちばん): 제일

여름이 제일 좋아요.

夏(なつ)が一番(いちばん)好(す)きです。

· 春(はる): 봄 / 夏(なつ): 여름 / 秋(あき): 가을 / 冬(ふゆ): 겨울

취미를 물어볼 때

영화는 좋아하세요?

映画はお好きですか。

상대방에게 '~을 좋아하냐'고 물을 때는 「お好(す)きですか。」처럼 「お」를 넣으면 된다. 이 「お」는 존경을 나타내는 말이기 때문에 자신이 '좋아합니다' 할 때는 「お」를 넣으면 안 된다. '바쁘세요?' 하려면 「いそがしい」에 「お」를 넣어 「おいそがしいですか。」라고 하는 것이다.

네, 좋아해요.

ええ、好きです。

어떤 영화를 좋아하세요?

どんな映画がお好きですか。

「好きだ」 앞에는 조사 「が」가 온다는 사실도 확인해 두자. 「映画(えいが)」는 '에—가'로 발음한다.

- 영화의 종류

政治(せいじ)もの 정치물　　　　ミステリー 미스테리
医療映画(いりょうえいが) 의료영화　　犯罪(はんざい) 범죄
戦争映画(せんそうえいが) 전쟁영화　　アドベンチャー 어드벤처
裁判映画(さいばんえいが) 재판영화　　SF映画 SF(공상과학)
ホラー 호러(공포)

경험을 말할 때

그런데 김민수 씨는 일본 영화 본 적 있어요?

ところで、金さんは日本の映画を見たことがありますか。

'~한 적이 있다 / 없다'는 「~たことがある / ない」라고 한다.
· 동사의 과거형+たことがある / ない: ~한 적이 있다 / 없다

네, 몇 개 봤는데, 알아듣기가 너무 어려워서….

ええ、いくつか見ましたが、聞き取るのがけっこうむずかしくて…。

「聞(き)き取(と)る」는 '알아듣다', 여기에 「の」가 연결되어 '알아듣는 것' '알아듣기'라는 명사구가 되었다.
「けっこう」는 '상당히, 제법, 꽤'라는 뜻인데, 보통 「けっこう~て」로 '생각보다 ~해서'라는 뉘앙스가 들어있는 말이다. 상대방의 권유를 정중하게 거절할 때 "이제 됐습니다."라는 뜻의 「けっこうです。」도 같이 알아두자.
· いくつか: 몇 개인가
· 聞(き)きとる: 알아듣다
· けっこう: 제법, 꽤

DAY 46

당신의 특기는?

다나카 씨는 영어하고 불어 중에 어느 쪽을 잘해요?

田中さんは英語とフランス語とどちらが上手ですか。

둘 중의 비교를 나타내는 「〜と〜とどちらが」 문형이다.

글쎄요. 잘하지는 못하지만, 영어가 자신 있어요.

そうですね。上手ではないですが、英語のほうが得意です。

특별히 잘하는 것은 아니지만, 다른 것에 비해 '자신있다 / 자신없다'고 할 때는 「とくいだ / にがてだ」를 쓰고, 운동이나 어학처럼 어떤 특별한 능력이나 기술이 뛰어날 때는 「じょうずだ / へただ」, 공부를 잘할 때는 「勉強(べんきょう)ができる / できない」, 술을 잘 마실 때는 「おさけがつよい / よわい」라고 말한다.

· 英語(えいご): 영어 → 英会話(えいかいわ): 영어회화
· フランス語(ご): 불어 → フランス語(ご)会話(かいわ): 불어회화
· 得意(とくい)だ: 자신있다 ↔ にがてだ: 자신없다, 다루기 힘들다

DAY 47 음료를 주문할 때

다나카 씨, 음료수 어때요?

田中さん、飲み物はいかがですか。

「いかがですか。」는 "어떠십니까?", "어떠세요?"란 뜻으로, 의향을 물어볼 때 쓰는 말이다. 이보다 덜 정중한 표현은 「どうですか。」(어때요?), 반말은 「どう？」(어때?)라고 한다.

음료수요?

飲み物ですか。

주스하고 커피 중에서 어느것이 좋아요?

ジュースとコーヒーとどちらがいいですか。

그럼, 주스로 부탁해요.

じゃ、ジュースをおねがいします。

「~をおねがいします」는 상대방이 음료 등을 권했을 때 그 대답으로 쓸 수 있는 말이다. 직역하면 '~을 부탁합니다'이지만, '~로 주세요' '~로 부탁합니다'로 해석하는 것이 자연스럽다.

· 飲(の)み物(もの): 음료, 마실 것

한 턱 내고 싶을 때

(자동판매기 앞에서)얼마예요?

いくらですか。

됐어요. 오늘은 제가 사는 거예요. 자요.

いいですよ。きょうは 私(わたし) のおごりです。どうぞ。

「おごり」는 동사 「おごる」(한턱내다)의 명사형으로, 「私のおごりです。」하면 "제가 살게요.", "제가 낼게요."라는 뜻이다. 이 때 「私が 買(か)います。」라고 하기 쉬운데, 관용표현으로 외워두는 것이 좋겠다.

앗, 고마워요.

あっ、どうも。

뭔가를 권하면서 "드세요." 하거나 "자요."라고 할 때 편리하게 쓸 수 있는 말이 「どうぞ」이고, 여기에 대한 응답표현은 「どうも」라는 것도 기억하자.

DAY 49

음식을 권할 때

어쩐지 배가 좀 고픈데요.

なんだかおなかがすきましたね。

반말로 "배고파." 할 때는 「おなかすいた。」라고 한다.
· なんだか: 어쩐지

그래요. 뭘 좀 먹지요. 뭐가 좋아요?

そうですね。なにか食べましょう。

なにがいいですか。

「なにか」는 '뭔가'란 뜻이고 「なにが」는 '무엇이' '뭐가'라는 말이다. 조사가 다르므로 구분해서 써야 한다. 한편 상대방이 더 먹으라고 권할 때, "이제 됐어요.", "이제 배불러요."라고 말하고 싶다면 「もういっぱいです。」라고 한다.
· なにか: 무언가, 뭔가 / なにが: 무엇이, 뭐가 / なんでも: 뭐든지

난, 뭐든지 좋은데, 다나카 씨는요?

私はなんでもいいですけど、田中さんは?

그럼, 피자 안 먹을래요?

じゃ、ピザを食べませんか。

식사중에

거기 가루 치즈 좀 주실래요?

そこの粉(こな)チーズちょっといいですか。

「そこの~ちょっといいですか」는 직역하면 "거기 ~ 좀 괜찮습니까?"로, 약간 애매한 표현이지만, 상대방의 물건이나 상대방 가까이 있는 것을 잠시 쓰고 싶을 때 양해를 구하는 말이다. 우리말의 "거기 있는 ~ 좀 주시겠어요?" 정도로 생각하면 OK!

예, 여기요.

はい、どうぞ。

제법 맛있네요.

なかなかおいしいですね。

이 집, 이 근처에서는 유명해요.

ここはこのへんでは有名(ゆうめい)なんですよ。

- 거기 있는 신문 좀 주시겠습니까?
    そこの新聞(しんぶん)ちょっといいですか。
- 거기 있는 냅킨 좀 주시겠습니까?
    そこのナプキンちょっといいですか。

DAY 51 아침 식사에 대해

그런데 아침은 항상 드세요?

ところで、朝ごはんはいつも食べますか。

아뇨, 아침에는 항상 바빠서 아침밥을 거를 때가 많아요.

いいえ、朝はいつもぎりぎりなので、朝ごはんを抜くことが多いです。

「ぎりぎり」는 시간적인 여유가 없어서 몹시 촉박한 모양을 나타내는 말이다. '아침을 거르다(굶다)'는 「朝(あさ)ごはんを抜(ぬ)く」라고 한다. '굶다'는 「飢(う)える」라는 단어가 있지만, 이건 '굶주리다'란 뜻이므로, 「朝(あさ)ごはんを飢(う)える」라고는 하지 않는다. 또 「いつも」는 '항상'이란 뜻이지만, '보통때' '평소'의 뜻으로도 자주 쓰인다.

· ぎりぎり: 빠듯한 모양
· 朝(あさ)ごはんを抜(ぬ)く: 아침(밥)을 거르다
· 동사의 기본형+ことが多(おお)い: ~하는 경우(일)가 많다

DAY 52 자신의 생각을 말할 때

한국은 일본보다 훨씬 물가가 싸지요?

韓国は日本よりずっと物価が安いでしょう?

· ずっと: 훨씬
· 物価(ぶっか): 물가

아뇨, 저는 그렇게 생각하지 않아요.

いいえ、私はそうは思いません。

상대방의 의견에 반대의사를 나타낼 때 "그렇진 않을 거예요."라는 뜻으로 상당히 강하게 자신의 생각을 주장하는 표현이다. 「そうは」 부분에 주의하자.
비슷한 표현으로 「それはちがいます。」(그건 아닙니다. / 그렇지 않아요.)는 부정할 때 쓰는 표현이다. 일본 사람들은 이런 부정적인 표현을 즐겨 쓰는 편은 아니지만, 자신의 생각을 분명히 밝혀야 할 경우에 대비해서 외워두자.

· そうは: 그렇게는
· 思(おも)う: 생각하다 ≒ 考(かんが)える

DAY 53

계획을 물어볼 때 ①

이번 여름 방학 때 뭐 할 거예요?

今度の夏休みには何をするつもりですか。

예정을 나타내는 말로 자주 쓰는 것이 「つもりです」(작정입니다)와 「~と思(おも)っています」(~하려고 합니다)이다. 뒷말은 「と」 앞에 동사의 의지형이 오지만, 「つもり」는 기본형에 연결된다.

글쎄요. 일단 일본에 돌아가서 푹 쉴 생각인데요.

そうですね。とりあえず日本へ帰ってゆっくりしようと思っていますが。

· とりあえず: 일단
· ゆっくりする: 푹 쉬다

● 유학 갈 생각이에요.

留学するつもりです。　　　　　<마음 속의 다짐>
留学しようと思っています。　　<실천 가능성이 높음>
留学する予定です。　　　　　　<구체적인 계획을 세웠음>

계획을 물어볼 때 ②

김민수 씨는 뭐 할 건데요?

金さんは何をするつもりですか。

저는 일본어공부를 하면서 아르바이트를 하려고 해요.

私は日本語の勉強をしながらアルバイトをしようと思っています。

'아르바이트'는「アルバイト」또는 줄여서「バイト」라고 하고, 아르바이트가 주업(主業)인 사람은 보통「フリーター」라고 한다.「~ながら」는 '~하면서'의 뜻으로 두 가지 동작을 동시에 할 때 쓰는 말인데, 뒤에 오는 동작이 주동작이라 할 수 있다.

·勉強(べんきょう): 공부 *「工夫(くふう)」는 '연구, 궁리'란 뜻.
·アルバイト: 아르바이트

그래요? 뭐 좋은 아르바이트라도 찾았어요?

そうですか。なにかいいアルバイトでも見つかりましたか。

최근 일본은 젊은 실업자들이 늘어나면서, 정식으로 취직하지 않고 아르바이트로 생활하는 사람들이 늘어나는 추세다.

·見(み)つかる: 찾다, 발견되다 *「さがす」는 '없어진 것을 찾다' '수사, 수색'의 뜻이고,「しらべる」는 '알아보다' '조사하다' '점검'의 의미.

DAY 55 계획을 물어볼 때 ③

아르바이트로 돈을 모아서 일본에 갈 예정이에요.

アルバイトでお金(かね)をためて日本(にほん)へ行(い)く予定(よてい)なんです。

「つもり」가 막연한 생각이나 작정을 나타낸다면, 「予定(よてい)」는 이미 결정된 사실을 나타낼 때 쓰는 말이다. 우리말도 '3시에 회의가 있을 예정이다'라고 하지 '3시에 회의가 있을 작정이다'라고 말하지 않듯 일본어도 말하는 사람의 의지가 들어갈 때는 「つもり」, 말하는 사람의 의지보다는 이미 예정된 사항을 나타낼 때는 「予定(よてい)」를 쓴다.

· お金(かね)をためる: 돈을 모으다

네에? 일본이요? 혼자서 가는 거예요?

へえ、日本(にほん)ですか。一人(ひとり)で行(い)くんですか。

「一人(ひとり)で」는 '혼자서', '둘이서'는 「二人(ふたり)で」라고 한다. '전부 다같이'는 「みんなで」. 「~んですか」는 「~のですか」의 구어체로, 설명하거나, 이유를 물어보거나, 상대에게 부드럽게 확인할 때 사용한다.

· 一人(ひとり)で: 혼자서

다른 사람의 말을 전할 때

이미나 씨도 일본에 간다고 하던데요.

李さんも日本へ行くと言ってましたよ。

「～と言(い)ってました」는 다른 사람이 한 말을 자신이 직접 듣고 또다시 누군가에게 전할 때 쓰는 표현이다.

네에? 정말이에요? 이미나 씨도 혼자서 간다고 하던가요?

へえ、ほんとうですか。李さんも一人で行くと言ってましたか。

네, 그렇게 말하던데요.

ええ、そう言ってました。

「そうだ」를 써서 「李さんも日本(にほん)へ行(い)くそうです。」(이미나 씨도 일본에 간답니다.) 할 수도 있지만, 「～と言(い)っていました」 쪽이 좀 더 회화체적인 표현이라고 할 수 있다. 「言(い)ってました」는 「言(い)っていました」의 축약형. 만약 자신이 직접 들은 말은 아니지만, 들리는 얘기에 의하면 가는 것 같더라고 말할 때는 「日本へ行くらしいです。」(일본에 간다는 것 같아요.)와 같이 표현할 수 있다.

생각해 볼게요.

며칠 있다가 풀장에 갈 생각인데, 다나카 씨도 어때요?

近いうちにプールに行くつもりなんですが、田中さんもどうですか。

·近(ちか)いうちに: 며칠 있다가, 조만간

그래요? 하지만 전 수영할 줄 모르는데…. 생각해 볼게요.

そうですか。でも私 泳げないので、考えておきます。

"생각해볼게요."는 「考(かんが)えてみます。」라고도 한다.
·泳(およ)げる: 수영할 수 있다

제가 가르쳐 줄테니까, 가요.

私が教えてあげますから、行きましょうよ。

"가르쳐 드릴게요."를 「教(おし)えてあげます。」 대신 「お教(おし)えしましょうか?」라고 하면 더욱 정중한 표현이 된다.

친구 사귀기

누군가 했더니

어머, 누군가 했더니 김민수 씨 아니세요?

あら、誰かと思ったら金さんじゃありませんか。

생각지도 못한 장소에서 누군가를 보았을 때 "난 또 누구라고~" "누군가 했더니"에 해당하는 표현이 「だれかと思(おも)ったら」이다. 「~と思(おも)う」는 '~라고 생각하다'라는 뜻으로 간단한 표현이지만, 다음과 같이 쓰이기도 한다.

- 설마 그 사람(남자)이랑 결혼하리라고는 생각도 못 했어.

  まさかかれと結婚するとは思わなかった。

- 부모님이 이렇게 반대하실 줄은 몰랐어.

  両親がこんなに反対するとは思わなかった。

야아, 다나카 씨. 오랜만이네요.

やあ、田中さん。おひさしぶりですね。

많이 탔네요.

다나카 씨 많이 탔네요.

田中さん、ずいぶん日焼けしましたね。

「ひやけする」는 햇볕에 그을러 타는 것을 말한다. 「ひやけしている」는 '햇볕에 타서 피부가 까맣다'는 뜻이다. 그냥 「やけましたね。」라고도 한다.

김민수 씨도 많이 탔네요.

金さんのほうこそ。

· こそ: ~야말로

올해는 두 번이나 바다에 갔거든요.

ことしは2回も海に行ったんです。

「~んです」는 주로 이유를 설명하거나 이유가 뭐냐고 물어볼 때 쓰는 표현으로 원래 「~のです」인데 회화체에서 「の」가 「ん」으로 바뀐 것이다. 「ずいぶん」은 '꽤, 상당히, 많이'란 뜻의 부사다.

· ことし(今年): 올해, 금년
· 2回(にかい)も: 두 번이나

DAY 60

날씬해지셨네요.

몰라보게 날씬해지셨네요.

すっかりスマートになりましたね。

'날씬하다'는 「ほそい」(가늘다)라고도 하는데, 날씬해져서 더 보기 좋아졌다고 할 때는 「スマートになりましたね。」하고 칭찬을 해 주자. 이런 아부성 칭찬 말고 그냥 "살이 빠졌네" 할 때는 「やせたねやせたねー。」(살 빠졌네.)라고 한다. 일반적으로 '날씬하다, 뚱뚱하다'고 할 때는 「やせている / ふとっている」와 같이 「ている」로 표현한다.

· すっかり : 몰라보게, 죄다, 몽땅, 남김없이

그래요? 고마워요. 실은 다이어트했어요.

そうですか。どうも。
実(じつ)はダイエットしたんですよ。

「実(じつ)は」는 어떤 사정을 설명할 때 습관적으로 앞에 붙이는 말. 지금까지가 거짓말이란 뜻은 아니고 뒤에 나오는 말에 귀를 기울여야 하는 신호로 이해하면 되겠다.

네? 정말이에요?

えっ? ほんとうですか。

그것, 어디서 났어요?

우와, 꽃다발 예쁘네요. 어디서 났어요?

うわー。きれいな花束(はなたば)ですね。どうしたんですか。

「どうしたんですか。」는 상대방의 안색이나 표정을 보고 말할 때는 "무슨 일 있어요?"의 뜻이지만, 못보던 옷이나 물건 등을 보고 「どうしたんですか。」하면 "(그거)어디서 났어요?"라는 뜻이다.

· 花束(はなたば): 꽃다발

이것, 친구가 준 거예요.

これ友達(ともだち)がくれたんです。

실은 오늘 제 생일이거든요.

実(じつ)は今日(きょう)私(わたし)の誕生日(たんじょうび)なんです。

생일은 「生日」이라고 하지 않고 「誕生日(たんじょうび)」라고 한다. 하지만, '태어난 날'이라고 할 때는 「生(う)まれた日(ひ)」라고 한다. 「何年生(なんねんせい)」는 '몇 년생'이 아니라 '몇 학년'이라는 뜻이다.

· 実(じつ)は: 실은, 사실은
· 誕生日(たんじょうび): 생일(생신은 お誕生日)

뭐가 좋을까?

나도 뭔가 선물을 할게요.

ぼくもなにかプレゼントをあげますよ。

(내가 누군가에게) '주다'는 「あげる」, '받다'는 「もらう」, 다른 사람이 나에게 '주다'는 「くれる」라고 한다. 「プレゼント」는 일반적인 '선물'을 뜻하고, 여행지에서 사왔거나 방문할 때 사가는 과자는 「おみやげ」라고 한다.

- あげる: (내가 남에게)주다
- もらう: 받다
- くれる: (남이 나에게)주다

뭐가 좋을까?

なにがいいかな。

「なにがいいかな。」는 "뭐가 좋을까?"란 뜻으로 혼잣말이다.

괜찮아요. 친구한테 이 꽃다발도 받았는데요. 뭘.

いいですよ。友達(ともだち)にこの花束(はなたば)ももらったことだし。

「〜も〜ことだし」는 '〜도 〜(했)고'라는 뜻으로, 어떤 일이 완료되었거나 잘 마무리되었을 때 쓰는 표현이다. 「なつやすみもおわったことだし」하면 '여름방학도 끝났고'라는 뜻.

- 花束(はなたば): 꽃다발

DAY 63

쑥스럽게

김민수 씨, 어제는 고마웠어요.

金さん、きのうはどうも。

「きのうはどうも。」는 어제 생일 축하받은 것에 대해 고맙다고 인사하는 표현이다. 좀 지난 일이라면 「先日(せんじつ)はどうも。」라고 한다.

김민수 씨가 생일을 축하해 줘서 정말 기뻤어요.

金さんに誕生日を祝ってもらってほんとうにうれしかったですよ。

· 祝(いわ)う: 축하하다
· 祝(いわ)ってもらう: 축하받다

무슨 그런 말을. 괜찮아요. 쑥스럽게….

そんな、いいですよ。てれるじゃないですか。

「てれるじゃないですか。」는 "쑥스럽잖아요." "쑥스럽게"라는 뜻으로 기본형은 「てれる」이다.
· てれる: 수줍어하다, 쑥스러워하다
· てれくさい: 멋쩍다, 겸연쩍다

DAY 64

잠깐 실례하겠습니다.

김민수 씨, 전화가 울리고 있는데요.

金(キム)さん、電話(でんわ)がなってますよ。

이 대화는 어떤 상황일까? 김민수 씨의 전화 벨소리를 상대방이 듣고 "전화 온 것 같은데요."하고 일러주고 있다.

· なる(鳴る): 울리다

아, 잠깐 실례하겠습니다.

あっ、ちょっと失礼(しつれい)します。

「ちょっと失礼(しつれい)します。」(잠깐 실례하겠습니다.)는 잠깐 자리를 비우거나 해서 상대방을 기다리게 할 때 쓰는 말로, 친구나 손아랫사람에게 "잠깐만!" 할 때는「ちょっとごめん!」이라고 하면 된다. 또 하나, 전화를 끊을 때도「しつれいします。」라고 한다는 것 기억하자.

● ちょっとの 다양한 쓰임새

【조금, 잠깐】 그녀는 항상 조금밖에 먹지 않아요. (すこし)
彼女(かのじょ)はいつもちょっとしか食(た)べません。

【꽤】 그녀는 저금한 돈이 좀 된다. (かなり)
彼女(かのじょ)にはちょっとした貯金(ちょきん)がある。

【부를 때】 저기, 지갑이 떨어졌어.
ちょっと、さいふが落(お)ちたよ。

여보세요

여보세요, 다나카 씨 댁인가요?

もしもし、田中さんのお宅ですか。

일본에서는 결혼하면 남편의 성을 따르기 때문에 사실 다니기 씨 집에 전화를 건다면 받는 사람이 모두 다나카가 되는 셈이다. 이 때는 이름까지 대거나 직함 등을 넣어 부르는 것이 좋다.

예, 그런데요.

はい、そうですが。

저, 저는 김(민수)라고 합니다만, 다나카 씨 계십니까?

あのう、わたくし金と申しますが、
田中さんいらっしゃいますか。

아뇨, 외출하고 없는데요.

いえ、ちょっとでかけているんですが。

친구 집에 전화를 걸었을 때 이름이 유키라고 해서「ゆきいますか。」(유키 있어요?)라고 하면 실례.「ゆきさん、いらっしゃいますか。」하고「さん」을 붙이고 존경어를 써야 한다. 반대로 전화받는 쪽에서는 겸양표현을 써야 한다.

또 전화하겠습니다.

몇 시쯤 들어옵니까?

何時(なんじ)ごろお帰(かえ)りですか。

'집에 들어오다, 들어가다'는 「帰(かえ)る」 한 마디로 충분하다. 「帰(か え)る」라는 말 자체가 원래 있던 곳으로 돌아간다는 뜻이므로 굳이 '집으로'라는 말을 넣지 않아도 되는 것이다. 우리말로 '들어옵니까?'라고 해서 「入(はい)りますか。」로 잘못 쓰지 않도록 주의하자.

·何時(なんじ)ごろ: 몇 시쯤
·お帰(かえ)りですか: 귀가하십니까?

글쎄요. 8시쯤 될 거예요.

そうですね。8時(はちじ)ごろになると思(おも)いますが。

·～になる:～이 되다(조사에 주의)

그럼, 또 전화하겠습니다.

じゃ、またお電話(でんわ)します。

DAY 67

전화 왔었다고 전해 주세요.

여보세요, 김이라고 합니다만, 다나카 씨 계세요?

もしもし、金(キム)と申(もう)しますが、
田中(たなか)さん、いらっしゃいますか。

죄송합니다. 다나카는 지금 외출중인데요.

すみません。田中(たなか)はいま外出中(がいしゅつちゅう)ですが。

「外出中(がいしゅつちゅう)」 대신 「でかけています。」(밖에 나갔습니다.)라고도 한다.
· 外出中(がいしゅつちゅう): 외출중

그러세요? 그럼, 김민수한테서 전화 왔었다고 전해 주십시오.

そうですか。じゃ、キムミンスから電話(でんわ)があったとお伝(つた)えください。

"전화 왔었다"라고 할 때 「電話があった」라고 한다는 점에 유의하자. 「電話がきた」(전화 왔다)는 실제로 벨이 울리고, 지금 막 전화가 온 느낌을 나타낸다.
· お伝(つた)えください: 전해 주세요
· 伝(つた)える: 전하다

DAY 68

안녕히 계세요. (전화에서)

그럼, 이쪽에서 다시 걸게요.

じゃ、こちらからまたおかけしますので…。

· こちらから: 이쪽에서(제가)
· おかけします: 걸겠습니다 「お+ます+する형」형태로 정중한 표현을 만든다.

예, 알겠습니다.

はい、わかりました。

그럼, 안녕히 계세요.

じゃ、失礼_{しつれい}します。

전화를 끊을 때 "안녕히 계세요." 혹은 "들어가세요."라고 말하는데 일본어로 가장 무난하게 쓸 수 있는 말이 「失礼(しつれい)します。」이다. 이 말은 남의 집이나 사무실을 방문하고 돌아갈 때 '이제 가겠습니다'의 뜻으로도 쓰는 말이다. 친구나 가족끼리라면 「じゃね。」. 우리말의 "그럼 끊어."에 해당하는 표현이다.

DAY 69 자동응답기

지금은 외출중이오니,

ただいま留守にしております。

일본에 전화를 걸었을 때 흔히 들을 수 있는 자동음성 메시지이다. 「留守(るす)にしている」는 '집을 비우다, 외출중, 부재중'이라는 뜻인데. 「留守にしておる」로 겸양표현을 쓰고 있다. 약간 딱딱하지만 정중한 표현이므로 필요하면 이렇게 녹음해도 된다.

- ただいま: 지금
- 留守(るす)にする: 집을 비우다

전화를 거신 분은 삐 하는 소리가 나면 성함과 용건을 말씀해 주세요.

電話のかたはピーという音のあとにお名前とご用件をお話しください。

「音(おと)」는 일반적인 '소리'를 말하고, 사람의 목소리는 「声(こえ)」라고 한다.
- 用件(ようけん): 용건

팩스를 보내시는 분은 그대로 보내시면 됩니다.

ファクシミリのかたはそのまま送信してください。

- そのまま: 그대로
- 送信(そうしん)する: 송신하다

DAY 70 전화하셨다면서요?

여보세요? 김민수 씨? 다나카예요.

もしもし、金(キム)さん？ 田中(たなか)です。

아까 전화하셨다면서요?

さっきお電話(でんわ)いただいたそうで…。

「お電話(でんわ)いただいたそうで…。」는 직역하면 '전화 받았다고 해서'이지만 「お電話(でんわ)くださったそうで…。」보다 정중한 표현이다. 거꾸로 "아까 전화 드렸던 ~인데요" 할 때는 「さきほどお電話(でんわ)した~ともうしますが」라고 한다.

네. 다음 토요일에 파티가 있는데, 와 줄 수 있어요?

ええ。つぎの土曜日(どようび)にパーティーがあるんですけど、来(き)てくださいますか。

> 📞 전화상에서 특히 정중하게 말할 때 쓰는 말
> ・さっき(아까) → さきほど(조금 전에)
> ・ちょっと(잠깐) → 少々(しょうしょう)(잠시)
> ・またあとで(나중에) → のちほど(잠시 후에)
> ・あした(내일) → 明日(みょうにち)(내일) ＊비즈니스에서

전화바꿨습니다.

여보세요, 전 김민수라고 합니다만, 다나카 씨 부탁드릴 수 있을까요?

もしもし、わたくし金(キム)と申(もう)しますが、田中(たなか)さん、お願(ねが)いできますか。

「わたくし」는「わたし」보다 정중하고 격식을 갖춘 표현. 누군가를 바꿔 달라고 할 때는「～さん、おねがいします」「～さん、おねがいできますか」둘 다 가능하다.

· お願(ねが)いできますか: 부탁드릴 수 있습니까?

예, 잠시만 기다려 주세요.

はい、少々(しょうしょう)お待(ま)ちください。

전화 바꿨습니다. 다나카입니다.

お電話(でんわ)かわりました。田中(たなか)です。

"전화 바꿨습니다."는「お電話(でんわ)かわりました。」이고, "바꿔 드릴까요?"는「かわりましょうか。」.

내 마음을 전하는 감정표현

DAY 72

동의할 때 ①

OK.

オーケー。

친구나 손아랫사람에게 쓰는 말. 상대방의 권유나 제안에 흔쾌히 승낙하는 표현이다.

맞아요.

そのとおりです。

비슷한 표현으로는「そのとおり。」「おっしゃるとおり。」가 있다. "맞는 말씀입니다. / 말씀하신 대로입니다." 하고 정중하게 맞장구칠 때는 「おっしゃるとおりです。」라고 한다. 친구끼리 '맞아 맞아.' 할 때는「そうそうそう。」하고 여러 번 반복해서 말하기도 한다.

저도 그렇게 생각합니다.

私もそう思います。

일반적인 표현. 격의 없이 말할 때 '맞아, 그렇다니까' 하고 동조할 때는 「まったくそのとおり」라고 한다.

물론이에요.

もちろんです。

DAY 73 동의할 때 ②

나도 찬성이에요.

私(わたし)も賛成(さんせい)です。

'반대'는 「反対(はんたい)」. "나도 찬성이야."는 「です」를 떼고 「わたしも賛成(さんせい)。」라고 한다. '대찬성'은 「大賛成(だいさんせい)」.

괜찮지 않아요? / 뭐 어때요?

いいんじゃないですか。

상대방이 권유나 어떤 제안을 해 올 때, "괜찮겠네요." 하고 가볍게 동의할 때 쓰는 표현이다. "좋네요, 그렇게 해요." 하고 뒷말을 덧붙인다면 「いいですね。そうしましょう。」하면 되고, 친구 사이라면 「いいね。そうしよう。」.

나도.

私(わたし)も。

간단하면서도 편리하게 쓸 수 있는 표현.(격의없는 말투). 간단히 "그거 좋네요." 할 때는 「それはいいですね。」라고 한다.

· も: ~도(조사)

DAY 74 부정할 때

글쎄요.

そうですね…。

긍정일 때는 끝을 올리고 짧게 발음하고, 부정적인 느낌을 줄 때는 끝을 길게 빼듯이 발음한다. 상대방의 말에 부정하는 마음으로 '설마'라고 할 때는 「まさか」「うそ」와 같은 말도 쓴다.

아뇨, 다릅니다.

いいえ、ちがいます。

강하게 말할 때는 「まったくちがいます。」(전혀 다릅니다.) 「ちがうよ。そんな…」(아니야, 무슨 그런...) 등과 같이 말하기도 한다.

안 됩니다.

だめです。

금지표현으로 쓸 수 있는 말이다. 친구 사이라면 「ため!」(안돼)까지만 해도 된다. 엄마가 아이에게 '하지 마!'라고 할 때도 「だめ!」라고 한다.

그건 좀….

それはちょっと…。

상대방의 부탁을 들어줄 수 없을 때 편리하게 쓸 수 있는 표현.

DAY 75 사과할 때 ①

죄송해요. / 미안해요.

すみません。

남의 발을 밟았거나 몸이 부딪혔을 때, 가볍게 사과할 때 쓰는 말이다. 사람을 부를 때도 쓰는데 이 때는 "여보세요", "여기요."란 뜻이다. 또 고맙다고 할 때도 쓸 수 있으므로 그때 그때 사용법을 잘 알아두어야 한다.

미안해요.

ごめんなさい。

"미안해요."의 뜻으로 편한 상대에게 쓰는 표현이므로, 윗사람에게는 좀 더 정중한 표현인 「申(もう)しわけありません。」을 쓰는 것이 좋다. 친구 사이라면 「ごめん。」(미안)까지만 해도 무방하다.

죄송합니다.

申(もう)しわけありません。

과거형은 「申(もう)しわけありませんでした。」(죄송했습니다.).

- 이번 일에 대해 깊이 사과드립니다.
  このたびは、大変(たいへんもう)申しわけありませんでした。

- 폐를 끼쳐 드려 정말 죄송합니다.
  ご迷惑(めいわく)をおかけして、申(もう)しわけありません。

DAY 76 사과할 때 ②

미안. 내가 나빴어. / 잘못했어.

ごめん。私が悪かった。

친구나 연인에게 사과할 때 자주 쓰는 말. 정중하게 말하려면 끝에 「です」를 붙여 「私(わたし)が悪(わる)かったんです。」라고 말하면 된다.

부디(제발) 용서해 주세요.

どうかお許しください。

정말 정중하게 사과할 때 쓰는 말이다. 이 말을 듣고도 정말 용서할 수 없다면 「許(ゆる)せない!」(용서할 수 없어!)라고 말하면 되겠다. 「お+ます형+ください」는 '~해 주세요'란 뜻의 정중한 표현.
· どうか: 부디

정말 죄송하게 생각하고 있습니다.

本当に申しわけないと思っています。

진정으로 미안한 마음을 표현하는 말. 「申(もう)しわけない」 대신 「すまない」(미안하다)를 넣어도 된다.

- 늦어서 미안. 　　　　遅くなってごめん。
- 미안, 지금 좀 바빠.　ごめん、今忙しいんだ。
- 무례했다면 미안해요.　ぶしつけだったらごめんなさい。

DAY 77 부탁할 때

커피 부탁해요.

コーヒーをお願(ねが)いします。

「おねがいします。」는 "부탁합니다 / 부탁해요"란 뜻이지만, "주세요"라고 말할 때도 쓴다. 비행기 안에서 승무원이 "음료수는 뭘로 하시겠어요." 라고 물었을 때나, 손님으로 찾아간 곳에서 음료수를 대접하려고 할 때 편리하게 쓸 수 있는 표현이다.

도와 주시겠어요?

手伝(てつだ)っていただけませんか。

남에게 도움을 요청할 때 쓰는 정중한 표현이다. "살려 주세요!"는 「たすけてください!」 또는 「たすけて!」.

부탁해.

お願(ねが)い。

「たのむ(よ)」라고도 한다. 「お願(ねが)いだから。」도 자주 쓰는데, "부탁이야 응? 제발…" 하는 마음이 담긴 표현이다. 「行(い)かないでね。お願(ねが)いだから。」(가지 마. 응? 부탁이야.)

DAY 78 물어볼 때

뭡니까? / 뭐예요?

なんですか。

뭐냐고 물어보는 표현이다. 어조에 따라서는 약간 따지는 느낌이 들 수도 있다. 장소를 물을 때는 「どこですか。」(어디예요?), 더 정중하게는 「どちらですか。」.

이거 뭐야?

これ、な〜に?

「な〜に?」라고 길게 발음하면 「이거 뭐야?」란 뜻인데, 어린아이나 학생들이 이처럼 말을 길게 발음하는 경향이 있다.

저 사람은 누구예요?

あの人(ひと)はだれですか。

정중하게 말할 때는 「人(ひと)」 대신 「方(かた)」를 써서 「あのかたはどなたですか。」(저 분은 누구십니까?)라고 한다.
· このかた: 이분 / そのかた: 그분 / あのかた: 저분 / どのかた: 어느 분

DAY 79 되물어볼 때

네? / 뭐?

えっ?

상대방의 말을 듣고 잘 못 알아들었을 때나 놀라운 얘기를 들었을 때 "뭐? 뭐라고?"와 같은 뜻으로 쓰인다.

예?

はい?

「はい。」하고 끝을 내리면 「예.」란 뜻이지만 「はい?」하고 끝을 올리면 되묻는 표현이 된다.

죄송하지만, 다시 한번 말씀해 주세요.

すみませんが、もう一度(いちど)おっしゃってください。

정중하게 되물을 때 쓸 수 있는 일반적인 표현이다. 「おっしゃってください。」(말씀해 주세요.) 대신 「おねがいします。」(부탁합니다.)라고 해도 좋다.
· もう一度(いちど): 다시 한번, 한번 더 (「一度もう」라고는 하지 않는다. 순서가 우리말과 반대다.)

권유할 때

노래방에 갑시다.

カラオケボックスに行(い)きましょう。

「～ましょう」는 '～합시다, 해요' 하고 권할 때 쓰는 표현이고, 친구끼리는 「行(い)こうよ。」(가자)라고 한다.
· カラオケボックス: 노래방
· カラオケ: 가라오케

같이 골프 어떠세요?

ゴルフ、ごいっしょにいかがですか。

「～ましょう」보다 정중한 표현으로, 정중하게 상대방에게 권유할 때 쓰는 표현. 「～ごいっしょにいかがですか。」(같이 어떠십니까?)를 외워두면 앞에 다른 명사를 넣어 바꾸어 말하면 된다.
· (ご)いっしょに: 같이, 함께
· いかがですか: 어떠십니까?

오늘 밤 술이라도 한잔 어때요?

今夜(こんや)お酒(さけ)でもいっぱいどうですか。

차 한잔 마시자고 할 때는 「おちゃ(コーヒー)でもどうですか。」, "차 마실래?" 하고 가볍게 물을 때는 「お茶(ちゃ)する?」.

DAY 81 재촉할 때

빨리 빨리!

はやく、はやく!

「早(はや)い」(빠르다)의 부사형.

급하세요?

お急(いそ)ぎですか。

·急(いそ)ぐ: 서두르다
·急(いそ)いで来(き)た: 서둘러 왔다

저-, 지금 좀 급하거든요.

あのー、今(いま)急(いそ)いでいるんですが…。

음식점에서 주문을 하고, 바쁘니까 빨리 달라는 뜻으로 「急(いそ)いでいるんですが…。」라고 말할 수도 있다. 음식점뿐만 아니라, "좀 급한데 빨리 좀 해주세요."라고 말하고 싶을 때 편리하게 쓸 수 있는 표현이다. 그러나 일본인은 이런 표현을 자주 쓰지 않는 편이다.

DAY 82

시간있냐고 물어볼 때

토요일에 무슨 계획 있어요?

土曜日(どようび)になにか予定(よてい)ありますか。

토요일에 뭐 할 거냐고 묻는 표현이다.「土曜日(どようび)になにをするつもりですか。」라고도 할 수 있다.

오늘 저녁 바쁘세요?

今晩(こんばん)お忙(いそが)しいですか。

「忙(いそが)しい」는 '바쁘다'란 뜻인데 앞에「お」를 붙여「お忙(いそが)しいですか。」하고 정중하게 묻는 표현이다.

내일 오후 시간 있어?

あしたの午後(ごご)あいてる?

친구끼리 쓸 수 있는 말.「あいてる?」는 '비어 있어?' 즉 시간 있냐는 뜻이다.「あいてますか。」로 하면 정중한 표현.
· 空(あ)く: 비다
· 部屋(へや)が空(あ)いている: 방이 비어 있다
· 時間(じかん)が空(あ)く: 시간이 비다

DAY 83 칭찬할 때

잘 했어!

よくやった。 (남자 말)

친구나 손아랫사람에게 쓰는 반말표현. 비슷한 말인 「その調子(ちょうし)」는 "그래, 그거야. 그렇지. 그렇게"의 뜻으로 지금 잘 하고 있으니 계속해서 분발하라는 뜻이다.

굉장하다~.

すごーい。

혼잣말처럼 하는 칭찬. 뒤에 「ですね」를 붙이면 "굉장하네요.", "대단하네요."의 뜻이다. 이 밖에도 놀라움이나 감탄을 나타내기도 한다. 회화에서는 자주 쓰는 말.

멋져~.

すてきー。 (여자 말)

자신이 좋아하는 스타를 눈 앞에서 봤다면 이렇게 소리칠지도…. 멋있고 근사하다는 뜻이다.

판단할 수 없을 때

으음... 잠깐만요.

うーん。ちょっと待ってください。

잠깐 생각할 시간을 좀 달라는 표현이다.

어떻게 해야 할지 모르겠어요.

どうすればいいのかわかりません。

반말로 "어떻게 해야 하지?" 하고 묻는다면 「どうすればいいの?」하고 끝을 약간 올려서 발음한다.

잠깐 생각하게 해 주세요.

ちょっと考えさせてください。

사역표현으로 "생각 좀 해볼게요."라는 뜻이다.

지금으로선 어느 쪽이 옳은지 판단할 수 없군요.

今のところどっちが正しいのか判断できませんね。

·今(いま)のところ: 지금으로서는
·正(ただ)しい: 바르다
·判断(はんだん): 판단

DAY 85 축하할 때

정말 잘 됐다.

ほんとうによかったね。

상대방에게 좋은 일이 생겼을 때 "정말 잘 됐구나." 하고 축하하는 말이다. 윗사람에게는 「ほんとうによかったですね。」(정말 잘 되셨네요.)라고 하면 되겠다.

축하합니다. / 축하드려요.

おめでとうございます。

생일이나, 승진, 입학, 졸업 등 어느 때나 쓸 수 있는 표현이다. 친구나 손아랫사람에게는 「おめでとう。」(축하해).

신랑 신부를 위해 건배.

新郎新婦のためにかんぱい。
_{しんろうしんぷ}

결혼식 피로연에서 축배를 들 때 쓰는 말. 나가부치 츠요시의 '간빠이'라는 노래는 결혼식 때 축가로 자주 부르기도 한다. 건배를 제창할 때는 「~のために」부분을 빼고 「~に乾杯(かんぱい)」라고 짧고 간단하게 하는 것이 자연스럽다.

· 新郎(しんろう): 신랑
· 新婦(しんぷ): 신부

감정표현하기

용기를 북돋워줄 때

열심히 하세요.

がんばってください。

윗사람에게는 적당하지 않은 표현. 짧게 「がんばって。」(힘 내. 열심히 해.)라고도 한다. 축구나 야구, 농구 등 경기장에서 응원할 때는 「がんばれ!」(힘내라! 이겨라!)라고 한다.

그렇게 낙담하지 마.

そんなにがっかりしないで。

시험이나 시합에 떨어져 풀이 죽어 있는 사람에게 "너무 실망하지 마."란 뜻으로 쓰는 말이다. 좀 더 격려를 해 준다면 「つぎにまたがんばればいいじゃないの。」(다음에 또 잘 하면 되잖아.) 하고 덧붙이면 된다.

힘내세요.

元気(げんき)を出(だ)してください。

· 元気(げんき)を出(だ)す: 힘을 내다
· 元気(げんき)がない: 힘이 없다(기력이 없다, 기운이 없다)

화제를 바꿀 때

그런데….

ところで…。

화제를 바꾸고 싶을 때 가장 무난하게 쓸 수 있는 말로 인사말이 끝나고 본론으로 들어갈 때 쓰기도 한다. 일단 이렇게 말을 꺼내면 상대방도 '아, 이제 화제가 바뀌는구나' 하고 마음의 준비를 할 수 있다.

그건 그렇고.

それはさておき。

비교적 격식을 갖춘 표현. 회화에서라면「ええと」라는 말을 자주 쓴다. 「ええと、そうですね。」하면 "음, 글쎄요." 하고 머뭇거리며 시간을 벌 때도 쓸 수도 있다.

이제 그만해.

もうやめなさいよ。 (여자 말)

더이상 듣기 싫다는 뜻으로 아주 격의없는 사이에서 쓰는 말이다. 「もういい。」(이제 됐어.) 「もうやめれば。」(이제 그만하지 그래?) 등도 같은 뜻.

협력을 구할 때

같이 하자.

いっしょにやろう。(남자 말)

「やる」는 '하다'라는 뜻의 동사로 무슨 일을 같이 하자는 뜻으로 친구나 손아랫사람에게 할 수 있는 말이다. 여자 말은 「いっしょにしよう。」. "같이 해요."는 「いっしょにやりましょう。」

・やりにくい: 하기 어렵다
・やられた: 당했다

잠깐 좀 도와주세요.

ちょっと手を借してください。

직역하면 "손을 빌려 주세요."지만 도와달라는 얘기다. 무거운 짐을 옮길 때 등 일상적인 일에 쓸 수 있는 표현. 대답은 「はい。」나 「OK。」로 하면 된다.

협력을 부탁드릴 수 있을까요?

ご協力をお願いできますか。

아주 정중한 의뢰표현. yes라면 「いいですよ。」(좋아요.)라고 대답하면 된다.

DAY 89

승낙할 때

그렇게 합시다.

そうしましょう。

우리말의 "그럽시다." "그러시죠."에 해당하는 표현. 「そうしましょうか。」(그럴까요?)라고 해도 같은 뜻.

좋아요. 합시다.

いいですよ。やりましょう。

반말은 「いいよ。やろう。」(좋아. 하자구.) 어떤 부탁을 했을 때 상대방이 이렇게 흔쾌히 승낙해 준다면 「ほんとう？うれしい。」(정말? 아이 좋아라.) 하고 기쁜 감정을 표현해 보자.

나한테 (모두) 맡기세요.

私(わたし)に(すべて)任(まか)せてください。

어떤 힘든 일이 있어도 이렇게 말해주는 사람이 곁에 있다면 그 사람은 행복한 사람(しあわせなひと)임에 틀림없을 것이다. 남자라면 「わたし」를 「ぼく」로 바꾸어 말하면 된다.

· すべて: 모두
· 任(まか)せる: 맡기다

기다리게 할 때

잠깐만요.

ちょっと待ってください。

친구사이라면「ちょっと待(ま)って。」(잠깐만.) 까지만 하면 된다.

잠깐 기다려 주시겠어요?

ちょっと待ってくださいますか。

하던 일이 있어 잠깐 기다려 달라고 할 때나 생각할 시간이 필요할 때 쓰는 말. 친구사이라면「ちょっと待(ま)ってくれる?」(잠깐 기다려 줄래?) 또는 그냥「ちょっと待(ま)って。」라고 한다.

잠시만 기다려 주세요.

少々お待ちください。

전화상이나 일상회화에서 쓸 수 있는 정중한 표현. 위에서 아래로 내려올수록 정중한 표현이다.「少々(しょうしょう)」는「잠시」란 뜻의 정중한 표현이므로 반말과 섞어 쓰면 어울리지 않는다. 정중한 말은 정중한 말끼리 반말은 반말끼리 쓰는 것이 좋다.

DAY 91 오해가 생겼을 때

그게 아니야.

そうじゃないよ。 (남자 말)

상대방이 오해를 하여 토라져 있을 때 "그게 아냐.", "그런 게 아냐." 하고 변명할 때 쓰는 말이다. 여자 말은 「そうじゃない。」. 윗사람에게는 「そうじゃないんですよ。」라고 한다.

그래요? (제가) 오해했어요.

そうですか。誤解(ごかい)してました。

'오해하다'는 「誤解(ごかい)する」라고 한다. 이 말 뒤에 「あの二人(ふたり)別(わか)れたと思(おも)ってたんで。」(두 사람 헤어진 줄 알았어요.)와 같이 「〜と思(おも)ってたんで」라는 표현과 같이 쓰는 것이 보통이다. 〜てた = 〜ていた

오해가 있었던 것 같아요.

誤解(ごかい)があったようですね。

앞에 「おたがいに」(서로)를 넣어 말해도 훌륭한 문장이 될 수 있다.

DAY 92

기뻐할 때

아이 좋아라.

うれしいな!

「うれしい」는 '기쁘다'란 뜻의 형용사이다. 선물을 받을 때나 나의 부탁을 상대방이 기꺼이 들어주었을 때 혼잣말로 할 수 있는 표현.「うれしい?」하고 끝을 올려 발음하면 "기쁘니?" 하고 묻는 말이 되어 버린다.

잘 돼서 좋겠다~. / 일이 잘 풀려서 잘 됐다~.

うまくいってよかったね。

상대방이 이렇게 기뻐해준다면 「うん。よかった。」(응, 정말 잘 됐어.) 하고 대답하면 된다.

기쁘게 해 주고 싶어.

よろこばせてあげたい。

(네가) "기뻐해 줬으면 좋겠어."는 「よろこんでほしい。」라고 한다.
· 喜(よろこ)ぶ: 기뻐하다
· 喜(よろこ)ばせる: 기쁘게 하다
· 喜(よろこ)んで: 기꺼이

놀랐을 때

설마. 거짓말이지?

まさか。うそだろう。(남자 말)

여자 말은 「まさか。うそでしょう。」. '놀리지 마'라는 뉘앙스가 들어 있는 표현이다. "미안, 농담이야." 하려면 「ごめん。じょうだん。」, '농담 아냐, 장난 아니라구.' 하고 강조할 때는 「じょうだんじゃないよ。」라고 한다.

어? 정말? 믿을 수가 없어.

へえー、ほんとう？信(しん)じられない。

정말이라면 「ほんとうだよ。-남자 말 / ほんとうよ。-여자 말」라고 대답하면 된다. "정말이에요?" "진짜예요?"는 「ほんとうですか。」라고 한다. 「まさかね。」(설마.) 「信(しん)じられない。」(믿을 수 없어.) 하고 혼잣말로 할 수도 있다.

진짜?

まじ？

젊은이들 사이에 자주 쓰는 말.
대답은 끝을 내려서 「まじ↘」라고 한다.

DAY 94 불평불만을 말할 때

이젠 못 참겠어.

もうがまんできない。

「がまんする」는 '참다'는 뜻이다. 「もうがまんの限界(げんかい)だ。」도 같은 뜻. 또 불평과는 상관없이 "(누군가를)보고 싶어서 참을 수가 없어."라고 말한다면 「会(あ)いたくてがまんできない。 / たまらない。」라고 한다.

이렇게 형편없는 영화, 처음 봤어!

こんなひどい映画(えいが)、はじめて見(み)たよ。 (남자 말)

「ひどい」는 원래 '심하다'란 뜻인데, 「ひどい映画(えいが)」는 '심한 영화' 즉 재미없는 영화를 가리킨다. 문장이 「~だ(た)よ」로 끝나는 것은 남자말투이고, 여자 말투로는 「はじめてみた(わ)。」(처음 봤어.)라고 한다.

불평하지 마.

文句(もんく)言(い)うな。 (남자 말)

여자 말은 「文句(もんく)言(い)わないで。」. 「文句(もんく)を言(い)う」는 '불평하다, 불만을 말하다'. 「~な」는 '~하지 마'란 뜻으로 동사기본형에 접속한다.

피곤할 때

아주 피곤하군. (아이구 피곤해라!)
すごく疲(つか)れた。

「疲(つか)れる」는 '피곤하다'란 뜻인데, 혼잣말로 '피곤해~.' 할 때는 「疲(つか)れた。」와 같이 과거형으로 표현하는 것에 주의! 「すごく」는 '몹시'라는 뜻. 윗사람이 피곤해 보인다면 정중하게 「お疲(つか)れのようですね。」(피곤해 보이시네요.)라고 한다. '완전히 녹초가 되다'란 뜻으로 「くたくた」도 많이 쓴다.

수고하셨습니다.
お疲(つか)れさまでした。

회사 등에서 흔히 쓰는 표현이다. 수업이 끝나고 선생님께 인사할 때는 「ありがとうございました。」(감사합니다.)라고 하는 것이 좋다.

수고했어요.
ご苦労(くろう)さま。

"수고 많아요." "수고해요." 등 윗사람이 아랫사람에게 애쓴다고 할 때 쓰는 말이다.

DAY 96 후회할 때

미안해요. 내가 잘못했어요.

ごめんなさい。私(わたし)がまちがっていました。

윗사람에게라면「もうしわけありません。」(죄송합니다.), 헤어진 연인이나 친구라면「ごめん。わたしがまちがってた。」라고 하면 된다.

그 사람과 사귀는 게 아니었는데….

彼女(かのじょ)(彼(かれ))と付(つ)き合(あ)うんじゃなかった…。

「付(つ)き合(あ)う」는 '사귀다, 교제하다'의 뜻이다. 「彼女(かのじょ)」는 '그녀, 그 여자, 그 여자애' 등의 뜻이고, 반대말은 「彼(かれ)」. 흔히 '남자친구'란 뜻으로「彼氏(かれし)」라고도 한다.

나도 후회하고 있어요.

私(わたし)も後悔(こうかい)しています。

「後悔(こうかい)先(さき)に立(た)たず」(이제 와서 후회해 봤자 소용없는 일) =「こぼれた牛乳(ぎゅうにゅう)について泣(な)いても始(はじ)まらない」(이미 엎질러진 물)

울고 싶은 심정이에요.

泣(な)きたい気(き)持(も)ちです。

재미있을 때

재밌다. / 재밌어.

おもしろい。

재미있다는 감정표현을 할 때 쓸 수 있는 간단한 말. 끝에 감탄을 나타내는 말 「なー」를 넣어 「おもしろいなー」라고도 할 수 있다.
· おもしろい: 재미있다
· つまらない: 재미없다, 따분하다

그렇게 재미있어?

そんなにおもしろいの?

말투에 따라 아무렇지도 않게 들릴 수도 있고, 약간 따지는 것처럼 들릴 수도 있다.

이 만화 정말 재밌어요.

この漫画(まんが)ほんとうにおもしろいですよ。

젊은 사람들 사이에서는 앞에 「超(ちょう)」를 넣어 「超(ちょう)おもしろい!」라고도 한다. 「超」란 우리말의 '왕~', '완전~', '정말~'과 비슷한 말로 강조하고 싶을 때 쓴다.

감동했을 때

감동적인 장면이었어요.

感動的なシーンでした。

「感動的(かんどうてき)でした。」(감동적이었습니다.), 「感動(かんどう)しました。」(감동했습니다.)와 같은 표현도 자주 쓴다.

감동적인 메시지를 보내 주셔서 감사합니다.

感動的なメッセージをありがとうございました。

"감동적인 말씀을 해 주셔서 감사했습니다." 정도의 뜻으로 약간 공적인 느낌의 표현이다. 길게 말하지 않고 「~をありがとうございました。」라고 표현하는 것을 눈여겨 보자.

눈물이 나올 정도로.

涙が出るほど。

뒤에 「感動的(かんどうてき)でした。」(감동적이었습니다.), 「うれしかったです。」(기뻤습니다.) 등을 덧붙여 말하면 된다. 「目(め)をうるませる」(눈물을 글썽이다)도 알아두자.

·涙(なみだ): 눈물

DAY 99 무서워할 때

무서워요.

怖いんです。

"괜찮아요. 무서워하지 마세요" 하려면 「だいじょうぶですよ。こわがらないでください。」라고 하면 되겠다.

무서운 경험이었어요.

おそろしい経験でした。

「おそろしい」는 「こわい」보다 공포스러운 느낌이 드는 말이다.

그는 대단한 겁장이에요.

彼は大変なこわがりです。

・こわがり(や): 겁장이
・ビビり: 쫄보(속어)

무서워서 떨고 있었다.

こわくてふるえていた。

・ふるえる: 떨다

걱정스러울 때

걱정이에요.

心配(しんぱい)です。

「テストのことで、しんぱいです。」는 "시험 때문에 걱정이에요."라는 뜻이다. 「…のことで、しんぱいです。」문형으로 기억하고 앞에, 「結婚(けっこん)」(결혼), 「こども」(자녀), 「病気(びょうき)」(질병) 등 단어를 넣어 말하면 된다.

당신 건강이 걱정이에요.

あなたの健康(けんこう)が気(き)がかりです。

「気(き)がかり」는 「気(き)にかかる」에서 나온 말로 '마음에 걸리다' 즉 '걱정된다'는 뜻이다. 「気(き)になりますよ。」(걱정돼요.)라고도 한다.

걱정거리가 있으신 것 같군요.

心配(しんぱい)ごとがおありのようですね。

「しんぱいごと」는 '걱정거리'란 뜻으로 「しんぱいごとでもありますか。」하면 "걱정거리라도 있습니까?"란 뜻이다. 「おありのようですね。」는 「あるようですね。」(있는 것 같군요.)의 정중한 표현이다.

부러워할 때

정말 부럽네요.

ほんとうにうらやましいですね。

「うらやましい」는 '부럽다'는 뜻의 형용사이다. 혼잣말로 할 때는 끝에 「な」를 붙여 「うらやましいな。」(부럽다.) 「いいな。」(좋겠다.)와 같이 말한다.
· うらやましい: 부럽다

좋겠다. 부럽다.

よかったね。うらやましい。

상대방에게 좋은 일이 생겼을 때 흔히 나올 수 있는 말.

네 애인은 정말 예뻐서(잘생겨서) 부럽다. / 좋겠다.

きみ(あなた)の恋人(こいびと)はほんとうにきれい(ハンサム)

でうらやましいよ。 (괄호 안의 말은 여자 말)

「きみ」는 '너 / 자네'라는 뜻인데, 노래가사 등에서 나올 때는 '그대'라는 뜻으로도 쓰인다. 그리고 「恋人(こいびと)」는 '애인'이라는 뜻이지만 일본어로 「愛人(あいじん)」이라고 하면 불륜을 가리키므로 주의!

DAY 102

좋아할 때

초밥을 아주 좋아해요.

おすしが大好きです。

'좋아합니다'는「すきです。」, 여기에「大(だい)」를 붙여「だいすきです。」하면 '아주 좋아합니다.'란 뜻이다. 반대말은「だいきらいです。」(아주 싫어합니다.).

당신을 사랑합니다.

あなたのことを愛しています。

「きみのことがすきなんだ」(네가 좋아. - 남자 말)도 많이 쓴다. 「あなたを」가 아니라「あなたのこと」라고 표현하는 것에 유의.

와인 좋아하세요?

ワインはお好きですか。

「好(す)きですか」에「お」를 붙여 말하면 보다 정중한 표현이 된다. 반말로 "좋아해?" 하려면「すき? / すきなの?」. '마음에 들다'라는 뜻의「気(き)に入(い)る」,「お気(き)に召(め)す」와 같은 표현도 많이 쓴다.

- 그 사람 어디가 마음에 들었어? 彼のどこが気に入ったの?
- 마음에 드십니까? お気にめしますか。

부끄러울 때

그녀는 부끄럼을 잘 타요.

彼女(かのじょ)ははずかしがりやです。

「はずかしがりや」는 부끄럼을 잘 타는 사람, 숫기 없는 사람을 일컫는 말이다. 「はずかしがる」는 '부끄러워하다'란 뜻으로 부정형 「はずかしがらないで」(부끄러워하지 말고) 형태로도 많이 쓰인다.

정말 부끄러웠어.

とってもはずかしかった。

「とっても」는 「とても」의 강조표현. 「恥(はずか)しい」는 '부끄럽다'는 뜻으로 우리말과 쓰임새가 거의 같다.

쥐구멍이라도 있으면 들어가고 싶은 심정이었어요.

あながあったら入(はい)りたい気持(きも)ちでした。

· あな: 구멍
· 入(はい)る: 들어가다, 들어오다
· 気持(きも)ち: 기분, 마음, 심정

DAY 104 격려할 때

잘 해!

がんばってね。

다양한 장면에서 쓸 수 있는 편리한 말. "힘 내!"라는 뜻으로 「元気(げんき)を出(だ)して!」라고도 한다.

열심히 해야지.

一生懸命がんばらなくちゃね。
（いっしょうけんめい）

「いっしょうけんめい」와 「がんばる」는 둘 다 열심히 한다는 뜻이지만 이렇게 같이 쓰는 경우가 많다. 죽을 힘을 다해 열심히 하라는 뜻이다. 자신이 "열심히 하겠습니다."라고 할 때는 「一生懸命がんばります。」라고 한다.

열심히 하겠습니다.

がんばります。

축구선수나 야구선수 등 인터뷰를 할 때 끝에 흔히 이런 말을 하는 것을 볼 수 있다. 「がんばりたいと思(おも)います。」라고도 하는데, 직역하면 "열심히 하고 싶다고 생각합니다." 이 말 역시 열심히 하겠다는 뜻으로 겸손하고 정중한 표현이다.

DAY 105 안심할 때

아—, 이제 안심이다.

あー。ほっとした。

「ほっとする」는 '(긴장이 풀려) 안심하다'는 뜻. 어떤 문제가 해결됐을 때 쓰는 표현이다.

어이쿠(어머나), 큰일 날 뻔 했구나.

ひえーっ。ちょっとあぶなかったね。

앗차 하는 순간에 큰일 날 뻔 한 얘기를 들었을 때 나오는 관용구. 「あぶない」는 '위험하다'는 뜻으로 직역하면 "위험했구나."라는 뜻이다.
· ひえーっ: 어이쿠, 어머나(놀랐을 때)

모든 것이 다 잘 돼서 안심하고 있습니다.

なにもかもうまくいってほっとしています。

어떤 일이 잘 해결되었거나 마무리되어 다행이란 뜻이다.
· なにもかも: 모든 일이
· うまくいく: 잘 되다, 잘 돼가다

연인과 헤어졌을 때

보고 싶어 견딜 수가 없어.

会いたくてたまらない。

여기서 '보고 싶다'는 만나고 싶다는 뜻이므로 「見(み)たい」가 아니라 「会(あ)いたい」라고 해야 한다. '견딜 수 없다, 죽겠다'고 외치고 싶을 때는 「死(し)にそう!」라고 한다.

그녀(그)에게 버림받았다.

彼女(彼)に捨てられた。

「捨(す)てる」는 '버리다', 「捨(す)てられる」는 '버림받다'는 뜻이다. 이와 비슷한 표현으로 「ふる」가 있는데, '퇴짜 놓다, 거절하다, 뿌리치다'란 뜻이다. 「ふられる」는 '차이다'란 뜻. "바람맞았어."는 「すっぽかされた。」라고 한다.

· ~に捨(す)てられる: ~에게 버림받다

그녀(그)는 떠나갔다.

彼女(彼)はさって行った。

「去(さ)る」는 '떠나다'란 뜻이고, '헤어지다'는 「わかれる」라고 한다.

화가 났을 때

어떻게 그럴 수가 있죠?

よくそんなことができますね。

내 참, 기가 차서 원…. (할 말이 없군.)

あきれてものも言(い)えないよ。(남자 말)

あきれてものも言(い)えないわ。(여자 말)

직역하면 질려서 말도 못하겠다는 뜻. '멋대로 해'는 「かってにしろ」.
· ものも言(い)えない: 말도 못하겠다 / ものを言(い)う: 말을 하다

아휴, 열받어….

もう頭(あたま)に来(き)た!

「頭(あたま)に来(く)るよ。」(너 때문에 미치겠어. / 네가 날 화나게 하는구나.)라고도 한다.
· 頭(あたま)に来(く)る: 열받다, 화가 나다

정신이 있는 거야, 없는 거야?

一体(いったい)何(なに)を考(かんが)えてたんだか。

"그러면 혼나는 줄 알아" 하고 경고할 때는 「そんなことしたら承知(しょうち)しないぞ。」라고 한다.

변명할 때

그럴 생각은 없었는데….

そんなつもりじゃなかったんだけど…。

・つもりではない: ~할 작정이 아니었는데, ~할 생각은 없었는데

일부러 그런 게 아니에요.

わざとしたことではありません。

설마 제가 그랬겠어요?

私(わたし)がそんなことするとお思(おも)いですか。

변명할 마음은 없습니다만….

言(い)い訳(わけ)するわけではありませんが…。

・言(い)い訳(わけ): 변명

그렇게 말씀하시면 저도 할 말이 없습니다만….

そう言(い)われたら私(わたし)も何(なに)も言(い)えませんが…。

멋지게 통하는 상황회화

호텔예약

한국어를 할 수 있는 분

한국어를 할 수 있는 분은 있습니까?

韓国語(かんこくご)が話(はな)せる方(かた)はいますか。

· 話(はな)せる: 말할 수 있다, 말할 수 있는
· 方(かた): 분

예약하고 싶습니다만….

予約(よやく)したいんですが。

자신의 의사나 희망사항을 말할 때, 흔히 「～たいんですが…」(～하고 싶습니다만) 하고 말끝을 흐리는 것이 자연스럽다.
· 予約(よやく)する: 예약하다

오늘 밤 방을 예약하고 싶습니다만….

今夜(こんや)部屋(へや)を予約(よやく)したいんですが…。

· 今夜(こんや): 오늘 밤
· 部屋(へや): 방

호텔예약

부탁합니다.

(방을 선택할 때)싱글룸을 하나 부탁합니다.

シングルを一部屋お願いします。

・一部屋(ひとへや): 방 하나

트윈룸을 하나 부탁합니다.

ツインを一部屋お願いします。

호텔을 예약할 때 흔히 나올 수 있는 말이다. 「シングル」는 영어 'single'의 일본식 발음으로, 'single room'을, 「ツイン」은 영어 'twin'의 일본식 발음으로, 'twin room'을 일컫는다. 또, '방 두 개'라고 할 때는 「二部屋(ふたへや)」라고 하면 된다.

다다미 방으로 부탁합니다.

和室でお願いします。

「和室(わしつ)」는 '다다미'에 이불을 깔고 자는 방으로 우리의 온돌 방에 해당한다. 참고로 침대 방은 「洋室(ようしつ)」라고 하면 된다. 앞에서 나온 「シングル」, 「ツイン」은 「洋室」의 경우를 말한다.

호텔예약

얼마예요?

내일부터 3일간 싱글룸을 하나 예약하고 싶습니다만….

明日(あした)から３日間(みっかかん)、シングルを一部屋(ひとへや)予約(よやく)したいんですが…。

· きのう: 어제 / きょう: 오늘 / 明日(あした): 내일
· 1日(いちにち): 하루
  2日間(ふつかかん): 이틀간
  3日間(みっかかん): 3일간

하룻밤에 얼마입니까?

１泊(いっぱく)いくらですか。

싱글은 하나에 얼마예요?

シングルは一部屋(ひとへや)いくらですか。

"트윈룸은 하나에 얼마입니까?"는 「ツインは一部屋(ひとへや)いくらですか。」라고 하면 된다.

호텔예약

🔊 112

철자를 부탁합니다.

성함의 철자를 부탁합니다.

お名前のつづりをお願いします。

・つづり: 철자, 스펠링(スペリング)

KIM MI RA입니다.

KIM MI RAです。

아시다시피 일본어는 특별한 경우를 제외하고는 대부분 받침이 없는 말이기 때문에 '김'이라고 해도 일본 사람은 '기무'라고 발음하는 경우가 많다. 정확한 발음을 유도하기 위해서는 가타카나로 표기해 주거나 영문으로 알려주는 것도 한 방법이다. 또, 호텔이나 비행기, 신칸센 등을 예약할 경우, 영문표기를 하는 경우가 종종 있는데, 그것은 일본인이든 외국인이든 이름 읽기가 어렵기 때문이다.

상황회화

> ☆ 일본식으로 읽는 알파벳
>
> A 에―　　H 엣치　　P 피―　　W 다브류
> B 비―　　I 아이　　Q 큐―　　X 엑(쿠)스
> C 씨―　　J 제이　　R 아―루　Y 와이
> D 디― or 데―　K 케이　S 에스　Z 젯토
> E 이―　　L 에루　　T 티―
> F 에후　　M 에무　　U 유―
> G 지―　　O 오―　　V 브이

호텔예약

🔊 113

성함을 여쭤봐도 될까요?

성함을 여쭤봐도 될까요?

お名前をうかがってもよろしいですか。

· お名前(なまえ): 성함
· うかがう: 여쭈다

성함과 전화번호를 말씀해 주시겠습니까?

お名前と電話番号をうかがってもよろしいですか。

· 電話番号(でんわばんごう): 전화번호

김민수입니다. 전화번호는 332 ― 1234입니다.

金ミンスです。電話番号は３３２－１２３４です。

전화번호를 말할 때 「―」는 「の」로 읽는다. 그리고 숫자는 2(に) 5(ご)의 경우 약간 길게 '니-' '고-'처럼 발음하는 경향이 있다. 숫자 「0」은 「れい」(영) 또는 「ゼロ」(제로)로 읽는다.

DAY 114

호텔예약

몇 시쯤 될까요?

몇 시쯤 도착하십니까?

ご到着は何時頃になりますか。

「~頃(ごろ)」는 시간이나 때를 나타내는 말 뒤에 붙어 '~쯤', '~경'의 뜻을 나타낸다.
· (ご)到着(とうちゃく): 도착(「ご」가 붙으면 정중한 말)
· ~になる: ~이 되다

저녁 6시쯤 될 것 같습니다.

夕方の６時頃になると思います。

· 夕方(ゆうがた): 저녁 무렵
· ~と思(おも)う: ~라고 생각한다

오전 10시쯤 될 것 같습니다.

午前１０時頃になると思います。

· 午前(ごぜん): 오전 ↔ 午後(ごご): 오후

호텔예약

호텔을 찾고 있는데요.

신주쿠에서 (묵을) 호텔을 찾고 있습니다만….

新宿でホテルを探しているんですが…。

· ホテル: 호텔, hotel
· 探(さが)す: 찾다

아침 식사가 되는 트윈룸 하나를 부탁합니다.

朝食付きのツインを１部屋お願いします。

· ～付(つ)き: 우리말의 '～포함', '～붙임'에 해당하는 말.
· おふろつき: 욕실 있음(방 광고)

3박쯤 될 것입니다만….

３泊くらいになると思いますが…。

· 3泊(さんぱく): 3박

호텔예약

비싸네요.

비싸군요. 좀 더 싼 곳은 없습니까?

高(たか)いですね。もう少(すこ)し安(やす)いところはありませんか。

· もう少(すこ)し: 좀 더
· 安(やす)い: 싸다, 싼 ↔ 高(たか)い

어떻게 달라요?

どう違(ちが)うんですか。

플라자호텔로 하겠습니다.

プラザホテルにします。

「~にします」는 '~로 하겠습니다'란 뜻으로 선택하거나 물건을 살 때 등 편리하게 쓸 수 있는 표현이다. ~ 부분에 필요한 단어를 넣어 말하면 된다.
· ~にする : ~로 하다

상황회화

호텔예약

빈 방 있어요?

예약을 하지 않았습니다.

予約をしていません。

・予約(よやく): 예약

오늘 밤 빈 방 있습니까?

今夜部屋は空いていますか。

공교롭게도 오늘 밤은 만실입니다.

あいにく今夜は満室です。

'(아직) ~(하)지 않았습니다'라고 할 때는「~しませんでした」가 아니라「~していません」이라고 한다는 데 주목하자! 회화체에서는 보통「~ていますか」에서「い」를 생략해서「~てますか」라고 한다. 또, '만원입니다', '만실입니다'는「いっぱいです。」(가득 찼습니다.)라고도 한다.

・あいにく: 공교롭게
・今夜(こんや): 오늘 밤
・満室(まんしつ): 만실

DAY 118

호텔예약

취소하고 싶은데요.

예약을 취소하고 싶은데요.(예약을 취소할 때)

予約をキャンセルしたいんですが…。

「キャンセル」는 영어 'cancel'의 일본식 발음으로, '취소'의 뜻이다. =「とりけし」(취소)

하루라도 빨리 출발하고 싶습니다만….

一日も早く出発したいんですが…。

· 一日(いちにち)も: 하루라도
· 早(はや)く: 빨리, 일찍
· 出発(しゅっぱつ): 출발 ↔ 到着(とうちゃく): 도착

1박 더 하고 싶은데요.

もう1泊したいんですが…。

'1박 더'는 「1泊もう」가 아니라 「もう1泊」와 같이 표현한다.

호텔예약

🔊 119

이틀 더

이틀 더 묵고 싶습니다만….

あと2日間泊まりたいんですが…。

「あと(後)」는 '~하고 난 뒤(후), 더, 나머지' 등의 뜻이 있는데, 여기서는 '~더'라는 뜻을 나타낸다.

· 泊(と)まる: 머물다, 묵다

추가 요금은 얼마입니까?

追加料金はいくらですか。

· 追加(ついか): 추가
· 料金(りょうきん): 요금

- 이제 두 명 더 옵니다.
  あと二人来ます。

- 5분 후에 끝납니다.
  あと5分で終わります。

호텔예약

전화로 예약했어요.

체크인을 부탁합니다.

チェックインをお願いします。

「チェックイン」은 영어 'check in'의 일본식 발음이다.

예약은 하셨습니까?

予約はなさっていますか。

「なさる」는「する」의 존경어.

네, 전화로 예약했습니다.

はい、電話で予約しました。

아니오, 예약은 안 했는데요.

いいえ、予約はしてませんが…。

상황회화

호텔예약

성함이?

성함을 말씀해 주십시오.

お名前をどうぞ。
　な まえ

「どうぞ」는 원래 '어서'라는 뜻이지만, 상대방의 행동을 정중히 권유하거나 재촉할 때 쓴다. 우리말로는 '~하세요' 정도의 뉘앙스이다.

카드 기입과 사인을 부탁합니다.

カードのご記入とサインをお願いします。
　　　　　き にゅう　　　　　　　ねが

「ご記入(きにゅう)」는 「記入(きにゅう)」의 정중한 표현(丁寧語: ていねいご)이다. 일본어에서는 명사 앞에 「ご」나 「お」를 붙여 정중하게 말하는 경우가 많은데, 일반적으로 한자어에는 「ご」, 순수일본어에는 「お」를 붙여서 쓴다.

· (ご)記入(きにゅう): 기입
· サイン: 사인, 서명, sign

포터가 방까지 안내해 드릴 겁니다.

ポーターがお部屋までご案内いたします。
　　　　　　　へ や　　　　あんない

· ポーター: 포터(가방 들어주는 사람)
· (お)部屋(へや): 방, 룸
· (ご)案内(あんない): 안내

호텔예약

DAY 122

장소는 어디예요?

방까지 짐을 운반해 주시겠습니까?

部屋まで荷物を運んでいただけませんか。

우리말의 '짐'을 일본어로는 「荷物(にもつ)」라고 하고, 손에 들 수 있는 가벼운 짐은 「手何物(てにもつ)」라고 한다.

· 運(はこ)ぶ: 옮기다, 운반하다

아침 식사는 몇 시부터입니까?

朝食は何時からですか。

아침 식사 시간은 호텔에 따라 약간 다르나 보통은 7시에서 10시 사이가 주를 이룬다. '아침 식사'는 「朝食(ちょうしょく)」. '식사'는 「食事(しょくじ)」라고 한다.

장소는 어디입니까?

場所はどこですか。

· 場所(ばしょ): 장소

호텔예약

가르쳐 주세요.

보관함을 이용해 주십시오.

セーフティーボックスをお使(つか)いください。

・セーフティーボックス: 보관함, safety box

사용법을 가르쳐 주십시오.

使(つか)い方(かた)を教(おし)えてください。

・使(つか)い方(かた): 사용법, 쓰는 방법
・教(おし)える: 가르치다

방 열쇠를 하나 더 얻을 수 있습니까?

部屋(へや)のかぎをもう一(ひと)ついただけませんか。

일본의 호텔에서는 방 열쇠는 보통 하나만 준다. 그래서 단체여행으로 트윈룸에 묵을 때는 키를 카운터에 맡겨두고 두 사람이 같이 사용하는 경우가 많다. 요즘은 대부분 카드로 되어 있다.

・かぎ: 열쇠 = キー(키)

 호텔예약 🔊 124

몇 시가 좋으세요?

몇 시가 좋으세요?(모닝콜이나 기타 서비스 이용 시)

何時(なんじ)がよろしいですか。

「よろしいですか。」는 'いいですか。'(좋습니까?)의 정중한 말이다.

7시에 부탁합니다.

７時(しちじ)にお願(ねが)いします。

(세탁물을 맡길 때)언제까지 됩니까?

いつごろまでにできますか。

「～までに」는 '~까지'의 뜻으로, 기한까지 어떤 행동이 한 번에 이루어질 때 쓰는 말이다.
· いつごろ: 언제쯤
· ～までに: ~까지

호텔예약

누구세요?

누구세요?

どなたですか。

「どなたですか。」는 누군가가 노크를 할 때 "누구세요?" 하고 묻는 말이고, "어디서 오셨어요?"라고 할 때는 「どちらさまですか。」라고 한다.
· どなた: 누구, 어느 분

어떻게 가면 돼요?

どう行(い)けばいいんですか。

'~에 가려면'을 앞에 덧붙이려면 「~へ行(い)くには」라고 한다.
· どう: 어떻게
· 行(い)けば: 가면(~ば: ~면)

걸어서 갈 수 있습니까?

歩(ある)いて行(い)けますか。

· 歩(ある)いて: 걸어서(歩く)
· 行(い)ける: 갈 수 있다(가능형)

호텔예약

죄송하지만

죄송하지만, 만 엔 짜리 지폐를 잔돈으로 바꿔 주시겠어요?

すみませんが、一万円札をくずしていただけますか。

지폐의 경우 '~짜리, ~권'은 「さつ」라고 한다. 또, '지폐를 동전으로 바꾸다'를 「くずす」라고 한다는 것도 기억해 두자.
· 一万円札(いちまんえんさつ): 만 엔짜리 지폐
· くずす: (큰 돈을 잔돈으로)바꾸다, 헐다

이 책을 부쳐 주시겠습니까?

この本を送っていただけますか。

· 送(おく)る: 부치다, 보내다

지불은 어떻게 하시겠습니까?

お支払いはどのようになさいますか。

· (お)支払(しはら)い: 지불
· どのように: 어떻게(= どう)

호텔예약

🔊 127

카드 돼요?

현금으로 (지불)하겠습니다.

現金でお願いします。
げんきん / ねが

・現金(げんきん): 현금

신용카드는 사용할 수 있습니까?

クレジットカードは使えますか。
つか

신용카드는「クレジットカード」또는「カード」라고도 한다.

청구서가 잘못된 것 같은데요.

請求書がまちがっているようですが…。
せいきゅうしょ

계산이 틀릴 경우,「計算(けいさん)がまちがっているようですが。」라고 해도 좋다.

・請求書(せいきゅうしょ): 청구서
・まちがう: 틀리다

DAY 128

호텔예약

괜찮을까요?

방에 카메라를 두고 온 것 같습니다.

部屋にカメラを忘れて来たようです。

· 忘(わす)れる · (물건을) 잊고 두고 오다(가다)

가지러 가도 될까요?

取りに行ってもよろしいですか。

'동사 ます형+に'는 '~하러(목적)'의 뜻을 나타낸다.
· 取(と)りに行(いく): 가지러 가다

1시까지 짐을 맡겨도 괜찮겠습니까?

1時まで荷物を預けてもかまいませんか。

「かまいませんか。」는 "상관없습니까?", "괜찮습니까?"의 뜻으로, 「いいですか。」라고 해도 된다.
· 預(あず)ける: 맡기다 ↔ 預(あず)かる: 맡다

택시 타기

택시를 불러 주세요.

택시를 불러 주시겠어요?

タクシーを呼んでもらえますか。

「もらえますか」를 「いただけますか」로 바꾸면 좀 더 정중한 표현이 된다. 일본에서 택시를 잡으려면, 앞에 「空車(くうしゃ)」라는 빨간 불이 켜져 있을 경우 손을 들면 된다.

택시 타는 곳은 어디입니까?

タクシー乗り場はどこですか。

일본의 택시는 승차 거부나 합승(あいのり) 같은 것은 하지 않으므로 목적지를 말하고 탈 필요가 없다. 하지만 택시요금이 우리나라의 모범택시비 정도에 해당하므로 가까운 거리만 이용하는 것이 경제적이다. (가능하면 지하철을 이용하자.)

택시는 어디에서 잡을 수 있습니까?

タクシーはどこで拾えますか。

· タクシーを拾(ひろ)う : 택시를 잡다

DAY 130

택시 타기　　🔊 130

여기로 가주세요.

여기로 가주세요.(택시기사에게 주소 등을 보여주며)

ここへ行ってください。

「へ」는 '…에 / 로'란 뜻의 조사로, 방향을 나타낸다. 여기서는 「まで(~까지)」를 써서 「ここまでお願(ねが)いします。」(여기로 가 주세요.)라고 해도 좋다.

트렁크를 열어 주세요.

トランクを開けてください。

· トランク: 트렁크
· 開(あ)ける: 열다

공항까지 부탁합니다.

空港までお願いします。

「~までお願(ねが)いします」는 택시를 타고 어디까지 가 달라고 할 때 편리하게 쓸 수 있는 표현이다.

택시 타기

가야 합니다.

9시까지 공항에 가야 합니다.

9時までに空港に行かなければならないんです。

동사에 「~なければならない(ん)です」를 붙이면 '~하지 않으면 안 됩니다'라는 뜻이 되어, 의무를 나타낸다.
· 空港(くうこう): 공항

지금 어디입니까?

今どこですか。/ どの辺ですか。

· どの辺(へん): 어디쯤

다음 사거리에서 좌(우)회전 해 주세요.

次の交差点を 左 (右)に曲がってください。

· 交差点(こうさてん): 교차로
· 左(ひだり): 왼쪽
· 右(みぎ): 오른쪽

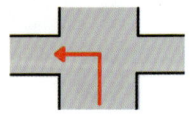

택시 타기

네, 알겠습니다.

저, 프린스호텔까지 부탁합니다.(공항에서 호텔에 갈 때)

あのー、プリンスホテルまでお願(ねが)いします。

「お願(ねが)いします」는 '부닥합니다'란 뜻이지만, 여기서는 '가 주세요'란 뜻이다. 이렇게 일본어에서는 남에게 어떤 행동을 권하거나 부탁할 일이 있을 때 구체적인 동사를 쓰지 않아도 '오네가이시마스' 한 마디면 거의 다 통하므로, 매우 편리하게 쓸 수 있는 말이다.

프린스호텔 말씀이세요?

プリンスホテルですか。

예, 알겠습니다.

はい、かしこまりました。

「かしこまりました。」는 손님에게 쓰는 말로 "알겠습니다."라는 뜻이다. 보통 회화에서는 「わかりました。」라고 한다.

어디에 있는 프린스호텔이죠?

どこのプリンスですか。

'프린스호텔'이란 이름으로 여러 군데에 있다면 이렇게 물어볼 수 있다.

DAY 133 택시 타기

얼마나 걸립니까?

죄송하지만, 호텔까지 얼마나 걸려요?(차 안에서)

すみませんが、ホテルまでどれくらいかかりますか。

질문을 할 때「すみませんが」하고 말을 꺼내면 부드럽고 정중하게 들린다. 꼭 죄송하다는 뜻이 들어 있다기보다는 관용적으로 자주 쓰는 일종의 쿠션역할을 하는 말이라고 생각하면 된다. 「かかる」는 시간이나 비용이 '들다'란 뜻이다.

·かかる: (시간이나 비용이)걸리다, 들다

한 시간 정도 걸립니다.

１時間くらいかかります。

죄송하지만, 가까운 역 앞에서 내려 주세요.

すみませんが、近い駅の前で降ろしてください。

"차가 막히니까"란 말을 덧붙이고 싶다면「こんでいますから」라고 하면 된다.

·前(まえ): 앞
·降(お)ろす: 내리다

DAY 134

택시 타기

얼마예요?

얼마예요?(목적지에 도착해서)

いくらですか。

13,000엔입니다. 감사합니다.

１万３千円です。どうもありがとうございました。

일본에서는 택시가 목적지에 도착하면 계산을 하고 나서 내려야 한다. 당연한 얘기지만, 계산을 하는 도중에 엉거주춤하게 내려서 차 밖에 서서 잔돈을 받는 풍경은 거의 볼 수가 없다. 또, 택시 문은 자동으로 열리고 닫히기 때문에 계산을 끝내고 나서 운전수가 문을 열어주면 천천히 내리면 된다.

2만엔 받았습니다.

２万円お預かりします。

7천엔 잔돈입니다.

７千円のお返しです。

· お返(かえ)し: 거스름돈

전철·버스

~에 가려면

동대문에 가려면 어느 역에서 내려야 합니까?

東大門へ行くには、どの駅で降りればいいですか。

「동사의 기본형+には」는 '~하려면'에 해당하는 말로 그리 어렵지는 않은데, 잘 떠오르지 않는 표현 중의 하나다. 특히 '~에 가려면'이라고 할 때 딱 맞는 표현이므로 기억해두면 편리하게 쓸 수 있다.

· 降(お)りる: 내리다

다음 역에서 내리면 됩니다.

つぎの駅で降りればいいです。

· 駅(えき): 역
· 降(お)りる: 내리다

시청역에서 1호선으로 갈아타세요.

市庁駅で１号線に乗り換えてください。

· 乗(の)り換(か)える: 갈아타다
· 一本(いっぽん)で行(い)ける: 한번에(갈아타지 않고) 갈 수 있다
· 서울은 시청(市庁), 도쿄는 都庁(とちょう).

DAY 136

전철·버스

어디예요?

버스정류장은 어디예요?(버스를 이용할 때)

バスの停留所はどこですか。
ていりゅうじょ

「バス」는 영어 'bus'(버스)의 일본식 발음인데, '욕실'(bathroom)이라는 뜻도 있다. 버스정류장은 줄여서「バスてい」라고도 한다.

·停留所(ていりゅうじょ): 정류소, 정류장

리무진 정류장은 어디예요?

リムジン乗り場はどこですか。
　　　　の　ば

·リムジン: 리무진(공항 직행 버스)

시내행 버스는 어디서 타면 돼요?

市内行のバスはどこで乗ったらいいですか。
しないゆき　　　　　　　の

·市内行(しないゆき): 시내행

전철 · 버스

시내로 가는 버스

시내로 가는 버스정류장은 어디입니까?

市内(しない)に行(い)くバスの乗(の)り場(ば)はどこですか。

승차권 파는 곳은 어디입니까?

切符(きっぷ)売(う)り場(ば)はどこですか。

- 切符(きっぷ): 표, 승차권, 티켓
- 売(う)り場(ば): 파는 곳, 매장
- 乗(の)り場(ば): 타는 곳, 승차장

> ☆ 일본의 버스
>
> 도쿄의 경우 워낙 전철이 발달해 있어, 버스는 대수도 많지 않고, 이용자도 그리 많은 편은 아니다. 또한 요금도 거리에 따라 다르지만 (멀면 그만큼 더 비싸다.) 보통 200~300엔 정도이고, 대도시의 경우 도로가 자주 막히므로 가장 대중적인 교통수단이라고 하면 역시 전철을 꼽을 수 있다.

전철·버스

~까지 얼마예요?

시청역에 가고 싶습니다만….(전철 매표소에서)

市庁駅まで行きたいんですが…。
(シチョンえき)

시나가와까지 얼마예요?

品川までいくらですか。
(しながわ)

「~までいくらですか。」는 승차권 요금을 물을 때 가장 일반적으로 쓰는 말이다. 앞에 자신이 가려고 하는 행선지명을 넣어 말해 보자.

왕복 요금은 얼마입니까?

往復料金はいくらですか。
(おうふくりょうきん)

'편도'는 「片道(かたみち)」라고 한다.

> ☆ 일본의 전철
>
> 일본의 전철은 대개 역 매표구 위에 전철역과 각 역의 요금이 적혀 있으므로, 자판기에서 살 수도 있다. 가령 시나가와에서 출발한다면 신주쿠역까지 얼마라는 식으로 각 역마다 요금이 다른 것이 특징이다.

전철 · 버스

도착하면 알려주세요.

이 버스는 인사동에 갑니까?

このバスは仁寺洞(インサドン)へ行(い)きますか。

이 버스는 인사동에(서) 섭니까?

このバスは仁寺洞(インサドン)に止(と)まりますか。

「止(と)まる」는 '멈추다'란 뜻이므로, 「止(と)まりますか。」는 '섭니까'란 뜻이다. "여기서 세워 주세요."라고 할 때는 「ここで止(と)めてください。」 또는 「ここでおろしてください。」(여기서 내려 주세요.)라고 말하면 된다.

· ~に止(と)まる: ~에 서다
· ~で止(と)める: ~에서 세우다(조사 사용에 유의!)

죄송하지만, 도착하면 알려 주세요.

すみませんが、着(つ)いたら教(おし)えてください。

· 着(つ)く: 도착하다 (물건이 '도착하다, 당도하다'고 할 때는 「届(とど)く」라는 단어를 쓴다.

전철·버스

몇 번째예요?

롯데호텔은 여기서 몇 번째 정류장입니까?

ロッテホテルはここから何番目のバス停ですか。

'~번째'라는 말은 일본어로 「~番目(ばんめ)」라고 한다.
· 첫 번째: いちばんめ
· 두 번째: にばんめ
· 세 번째: さんばんめ

어디서 갈아타면 돼요?

どこで乗り換えたらいいですか。

· 乗(の)り換(か)えたら: 갈아타면
· 乗(の)り換(か)える: 갈아타다
· 乗(の)り換(か)え: 환승

전철·버스

🔊 141

출구가 어디예요?

을지로까지 두 장 주세요.

乙支路（ウルジロ）まで2枚（まい）お願（ねが）いします。

·枚(まい): ~장(종이나 표 등 얇고 평평한 것을 세는 조수사)

이 지하철은 을지로에 정차합니까?

この地下鉄（ちかてつ）は乙支路（ウルジロ）に止（と）まりますか。

롯데백화점으로 나가는 출구는 어디예요?

ロッテデパートに出（で）る出口（でぐち）はどこですか。

·出(で)る: 나가다, 나오다
·出口(でぐち): 출구
·入口(いりぐち): 입구
·出入口(でいりぐち): 출입구

음식점 이용하기

이 근처에

이 근처에 맛있는 레스토랑이 있습니까?

この近(ちか)くにおいしいレストランはありますか。

「近(ちか)く」는 부사로 쓰이면 '가까이', 명사로 쓰이면 '근처', '부근'의 뜻을 나타낸다.
·おいしい: 맛있다, 맛있는
·レストラン: 레스토랑

아직 영업중인 레스토랑이 있습니까?

まだ開(あ)いているレストランはありますか。

·開(あ)いている: 열려 있는

일본 음식을 먹고 싶은데요….

日本料理(にほんりょうり)が食(た)べたいんですが…。

·日本料理(にほんりょうり): 일본요리, 일식(和食 わしょく)
·中華料理(ちゅうかりょうり): 중화요리, 중국요리, 중국음식
·韓国料理(かんこくりょうり): 한국요리, 한정식

음식점 이용하기

🔊 143

비쌉니까?

그 레스토랑은 비쌉니까?

そのレストランは高(たか)いですか。

· 高(たか)い: 비싸다
· 安(やす)い: 싸다
· ふつう: 보통

가는 방법을 가르쳐 주십시오.

行(い)き方(かた)を教(おし)えてください。

· 行(い)き方(かた): 가는 법
· 生(い)き方(かた): 삶의 방식, 사는 방식

어떻게 가면 되나요?

どう行(い)けばいいですか。

· どう: 어떻게 = どうやって
· 行(い)けば: 가면 (~ば: ~면)
· 歩(ある)いて: 걸어서 / バスで: 버스로 / 電車(でんしゃ)で: 전철로

음식점 이용하기

예약하고 싶은데요.

여보세요. 로열 레스토랑입니까?

もしもし。ローヤルレストランですか。

오늘 밤 7시에 두 명 예약하고 싶은데요….

今夜7時に2人予約したいんですが…。

·今夜(こんや): 오늘 밤

예, 성함이 어떻게 되시죠?

はい、お名前をどうぞ。

죄송합니다. 그 시간은 벌써 꽉 찼는데요….

すみません。その時間はもういっぱいなんですが。

「もういっぱいなんですが。」대신「こんでますが。」(손님으로 혼잡합니다만.)라는 말을 쓰기도 한다.

·いっぱい: 가득함, 만원임

음식점 이용하기

몇 시라면 괜찮아요?

몇 시라면 괜찮겠습니까?

何時(なんじ)ならいいですか。

「何時ならよろしいですか。」라고 하면 좀 더 정중한 표현이 된다.

8시라면 가능합니다만….

8時(はちじ)ならお取(と)りできますが…。

· 取(と)る: 잡다(여기서는 레스토랑 등에서 좌석을 마련하다는 뜻으로 쓰였다.)

그럼 다음 기회로 하겠습니다.

では、次回(じかい)にします。

· 次回(じかい): 다음, 다음 기회
· 〜にする: 〜로 하다

음식점 이용하기

취소하고 싶은데요.

성함을 여쭤봐도 될까요?
お名前をうかがえますか。

짧게「お名前(なまえ)をどうぞ。」(성함을 말씀해 주십시오.) 하고 묻는 경우도 있다. 아주 정중하게 말하고 싶을 때는「うかがえますか。」를「おうかがいしてもよろしいですか。」로 바꾸어 말하면 된다.

· うかがう : 여쭈다

김이라고 합니다.
金と申します。

「~と申(もう)します。」는 자기 이름을 말할 때 쓰는 공손한 표현으로, 짧게「金といいます。」나「金です。」라고도 한다.

예약을 취소하고 싶은데요.
予約をキャンセルしたいんですが。

「キャンセル」는 'cancel'의 일본식 표기 =「とりけし」(취소)

일본 음식 이야기

● **사시미**(さしみ: 생선회)

생선회, 혹은 활어(いきづくり = いけづくり)를 가리킨다. 일본 사람들이 좋아하는 사시미 재료는 타이(たい: 도미), 히라메(ひらめ: 광어), 마구로(まぐろ: 참치), 하
마치(はまち: 방어 새끼), 가츠오(かつお: 가다랭이), 에비(えび: 새우), 이까(いか: 오징어), 다꼬(たこ: 문어) 등이 있다.

● **스시**(すし: 생선 초밥)

식초와 설탕 등으로 간을 한 밥 위에 날생선을 얹어 먹는 생선 초밥은, 값은 비싼 편이지만 일본인들이 가장 좋아하는 음식 중 하나이다. 전통 스시집도 좋지만, 가격이 너무 비싸서 좀 더 저렴한 값으로 즐기려면 회전 초밥집(回転寿司屋 かいてんずしや)을 이용하는 것도 좋다. 아이들 사이에서는 회전 초밥집을 '구르구르즈시야(ぐるぐるずしや)'처럼 귀엽게 부르기도 한다. 위에 올려지는 생선에 따라 이름이 붙여진다.

● **돔부리**(どんぶり: 덮밥)

'돔부리'란 원래 '사발'이란 뜻인데, 음식이름으로는 '덮밥'을 말한다. 밥 위에 얹은 재료의 종류에 따라 이름이 붙여지는 것이 특징이다.
'돔부리'의 종류는 텐동(てんどん: 튀김 덮밥), 규동(ぎゅうどん: 쇠고기

덮밥), 가츠동(カツどん: 돈까스 계란 덮밥), 오야코동(おやこどん: 닭고기 계란 덮밥), 우나동(うなどん: 장어구이 덮밥), 덱카동(てっかどん: 참치회 덮밥) 등, 종류도 가지가지이다.

● **오니기리**(おにぎり: 주먹밥)

'오니기리'는 우리 나라의 주먹밥과 비슷한 음식으로, 간단하게 끼니를 때울 때 매우 좋다. 편의점에 가보면 삼각형 모양으로 김으로 싼 주먹밥을 볼 수 있는데, 속에는 타라코(たらこ: 조미대구알), 우메보시(うめぼし: 매실절임), 가츠오부시(かつおぶし: 가다랭이포), 씨ー치킹(シーチキン: 참치통조림) 등 재료가 다양하므로 입맛에 따라 골라 먹으면 된다.
참고로, '오니기리'는 니기루(にぎる: 쥐다)라는 동사에서 나온 말이지만, '니기리'라고는 하지 않고, 보통 '오'를 붙여 '오니기리'라고 한다.

> ☆ 한국음식 – 일본에서는 이렇게 말해요.
> ・김치: キムチ　　　　　　　・나물: ナムル
> ・갈비: カルビ　　　　　　　・국밥: クッパ
> ・비빔밥: ビビンバ(ビビンパ)　・냉면: 冷麵(れいめん)
> ・불고기, 갈비 등: 焼き肉(やきにく)
> ・곱창전골: ホルモン鍋(なべ)
> ・곱창구이: ホルモン焼(や)き

음식점에서

🔊 147

지금 식사됩니까?

지금 식사 됩니까?

今 食事できますか。
_{いま しょくじ}

특별히 고급 레스토랑인 경우를 제외하고는 일반 음식점은 예약 없이 이용할 수 있다. 3시~5시는 브레이크타임으로 잠시 쉬는 곳도 있다.

· 食事(しょくじ): 식사

몇 분이십니까?

何名様でございますか。
_{なんめいさま}

· 何名様(なんめいさま): 몇 분
· ~でございますか: ~이십니까?

네 사람입니다.

4人です。
_{よにん}

> ☆ 사람 수 세기
>
> 1人(ひとり): 한 명   2人(ふたり): 두 명   3人(さんにん): 세 명
> 4人(よにん): 네 명   5人(ごにん): 다섯 명   6人(ろくにん): 여섯 명
> 7人(しちにん / ななにん): 일곱 명   8人(はちにん): 여덟 명
> 9人(きゅうにん): 아홉 명   10人(じゅうにん): 열 명

음식점에서

 148

기다려 주시겠어요?

죄송합니다만, 만석입니다.(자리가 없을 때)

すみませんが、満席でございます。

「～でございます」는「～です」의 아주 정중한 표현으로 흔히 손님(고객)에게 쓰는 말이다.

기다려 주시겠습니까?

お待ちいただけますか。

이 표현은 일상생활에서도 정중하게 "기다려 주시겠어요?"란 뜻으로 자주 쓰이는 말이다.

얼마나 기다려야 합니까?

どれくらい待たなければなりませんか。

·どれくらい: 어느 정도, 얼마나 (시간이나 비용, 거리 등)

상황회화

음식점에서

🔊 149

예약했습니다.

금연석으로 해 주세요.

禁煙席にしてください。

·禁煙席(きんえんせき): 금연석
·喫煙席(きつえんせき): 흡연석

창가 자리를 부탁합니다.

窓がわの席をお願いします。

「窓(まど)がわの席(せき)にしてください。」라고 해도 좋다.
·窓(まど)がわ: 창가

예약하셨습니까?

予約なさいましたか。

「なさる」(하시다)는「する」(하다)의 존경어이다.

예, 예약했습니다. / 아뇨, 안 했는데요.

はい、予約しました。
いいえ、予約してませんが。

DAY 150

음식점에서

주문 받으세요.

주문 받으세요.

注文お願いします。

이렇게 말하면 대부분의 점원은 「はい、どうぞ。」(예, 말씀하십시오.)라고 대답할 것이다.

· 注文(ちゅうもん): 주문

메뉴(판)를 주시겠습니까?

メニューをいただけますか。

「メニュー」는 영어 'menu'의 일본식 발음으로, 순수 일본어로는 「お品書(しなが)き」라고 한다.

오늘의 추천요리는 무엇입니까?

今日のおすすめは何ですか。

「おすすめ」란 '추천할 만한 것', '추천 요리'라는 뜻으로 쓰였다. 식당이나 빵집 등에서 '오늘의 요리' '오늘의 특선' 등의 의미로 써붙여 놓는 곳도 있다.

음식점에서

어떤 요리예요?

이것은 어떤 요리예요? (음식점에서 주문할 때)

これはどんな料理(りょうり)ですか。

어떤 음식인지 구체적으로 알고 싶을 때 쓸 수 있는 말. 음식점에서 파는 음식은 「食(た)べ物(もの)」라고 하지 않고「料理(りょうり)」라는 말을 쓴다.

(메뉴판을 가리키면서) 이걸로 주세요.

これをください。

두 개 이상 시킬 때는 메뉴를 보면서「これとこれとこれをください。」와 같이 말하면 된다.

주문은 정하셨습니까?

ご注文(ちゅうもん)はお決(き)まりですか。

· (ご)注文(ちゅうもん): 주문
· 決(き)まる: 정해지다(자동사)
· 決(き)める: 정하다(타동사)

음식점에서

DAY 152

같은 걸로 주세요.

저것과 같은 걸로 주세요.(음식을 가리키며)

あれと同(おな)じものをください。

「同(おな)じものをお願(ねが)いします。」(같은 걸로 부탁합니다.)라고 해도 좋다.
· ～と: ～와, ～랑
· 同(おな)じ: 같은, 동일한

물 한 잔 주시겠습니까?

お水(みず)を一杯(いっぱい)いただけますか。

「お水(みず)」는 '(컵에 담긴) 냉수'라는 뜻으로, 「お冷(ひや)」라고도 한다. 양식당이나 중식당이 아닌 일본 식당에서는 보통 물 대신 녹차가 나오기 때문에 식당에서 "물 한 잔 주세요."라고 할 때는 「お水(みず)」또는 「お冷(ひや)를 1杯(いっぱい)ください」라고 하면 된다.

물수건 좀 주세요.

おしぼりをお願(ねが)いします。

· おしぼり: 물수건

음식점에서

튀김정식입니까?

(메뉴를 선택한 후)여기요. 주문 받으세요.

すみません。

네, 말씀하세요.

はい、どうぞ。

튀김정식 하나 주세요.

てんぷら定食一つお願いします。

튀김정식말입니까?

てんぷら定食ですか。

「てんぷら定食(ていしょく)ですか。」하고 되묻는 것은 잘 몰라서 물어 보는 것이 아니라 손님이 주문한 음식을 확인하기 위해서이다. 우리나라의 백반에 해당하는 것이 「定食(ていしょく)」인데, 「ひがわり定食(ていしょく)」는 매일 반찬이 바뀌어 나오는 것을 말한다.

예.

はい。

음식점에서

시간이 없는데요.

(빨리 달라고 할 때)저-, 지금 시간이 없는데….

あのー、今ちょっと時間がないんですが…。

음식점에서 주문을 하고, 바쁘니까 빨리 달라는 뜻으로 「時間(じかん)がないんですが…。」라고 말하였다. "좀 급한데 빨리 좀 해주세요."라고 말하고 싶을 때 편리하게 쓸 수 있는 표현으로는 「急(いそ)いでいるんですが…。」라고도 하는데, 정말 시간이 없다면 서서먹는 「立(た)ち食(ぐ)い」 우동집을 이용하는 것도 좋겠다.

죄송합니다. 잠시만 기다려 주십시오.

申しわけありません。少々お待ちください。

> ☆ 음식점 이로이로(いろいろ)
> 도쿄의 경우 전세계의 음식을 다 맛볼 수 있는 곳이라고 일컬어질 정도로 요리의 종류가 다양하다. 직장인들이 점심메뉴로 주로 찾는 것은 생선구이 정식이나 돈부리, 우동, 소바 등이지만, 이탈리아 음식이나 중국요리도 인기다. 또, 간판은 마치 패스트푸드점 같이 보이는데 일반 도시락집보다는 다양한 메뉴의 도시락집도 눈에 띈다. 단체회식용으로는 일정액을 내고 음료나, 고기 등을 마음껏 먹을 수 있는 食(た)べほうだい、飲(の)みほうだい와 같은 식당이나, 이자까야라(居酒屋)고 불리는 식사와 술자리를 겸하는 주점도 인기가 있다.

음식점에서

🔊 155

아직 안 나왔어요.

요리가 (음식이) 아직 나오지 않았는데요.

料理(りょうり)がまだ来(き)ていませんが。

「来(き)ませんでした」가 아니라 「来(き)ていません」으로 표현하는 것에 주목. 우리말의 '아직 ~안 했는데요'는 「まだ~ていません」 구문으로 외워두자.

죄송합니다. 얼마나 기다리셨습니까?

申(もう)しわけありません。どれくらいお待(ま)ちですか。

친구끼리 "기다렸어?"는 「待(ま)ってたの?」, "기다리셨죠? 죄송합니다."는 「お待(ま)たせしました。」.

접시 하나 더 주시겠습니까?

お皿(さら)をもう一枚(いちまい)いただけますか。

그릇. 부엌용품이나 음식에 관련된 생활용어에는 「お」가 붙은 말이 많다. 그리고 기본적으로 일본식사에서는 젓가락만 나온다.

· お皿(さら): 접시
· はし(앞에 お를 넣어도 되고): 젓가락
· つまようじ: 이쑤시개
· スプーン: 숟가락, 스푼
· はいざら: 재떨이

DAY 156 음식점에서

더 먹을 수 있어요?

저어, 좀 더 먹을 수 있습니까?

あのー、おかわりできますか。

「おかわり」는 '한 그릇 더'라는 뜻으로 밥, 국, 커피 등을 더 먹고 싶을 때 이렇게 말한다. 일본식 여관(りょかん)에서는 시중을 드는 사람이 식사 때 옆에서 도와주기도 하는데, 밥을 더 먹고 싶을 때 이렇게 말하면 된다. 「できますか」 대신 「お願(ねが)いします」라고 해도 OK.

이건 제가 주문한 게 아닌데요.

これは私が注文したものと違いますが。

(메뉴판이 있다면 음식명을 가리키며)「私(わたし)が注文(ちゅうもん)したのはこれですが。」(제가 주문한 건 이건데요.)라고 말하면 된다.

젓가락을 떨어뜨렸습니다.

おはしを落としてしまいました。

· 落(お)とす: 떨어뜨리다

☆ 국을 젓가락으로 먹어?
일본 사람들은 우동 등을 먹을 때, 렌게(れんげ)라는 스푼을 쓰기도 하지만, 기본적으로는 숟가락을 쓰지 않는다. 된장국(みそしる)을 먹을 때는 손으로 들고 마시고, 건더기는 젓가락으로 먹는다. 어릴 때부터 밥그릇은 왼손에 들고, 덜어먹을 때는 전용 젓가락을 쓰도록 배운다.

DAY 157

음식점에서

🔊 157

네 그러세요.

접시를 치워도 될까요?

お皿(さら)をお下(さ)げしてもよろしいですか。

'그릇을 치우다'는 「お皿(さら)を下(さ)げる」라고 한다. 일본에서는 식사 중에 그릇을 치우려 하는 일은 거의 없지만, 혹시 그럴 경우에는 「はい、どうぞ。」(네, 그러세요.) 또는 「まだ食(た)べていますが。」(아직 먹고 있는데요.)라고 말하면 된다.

·下(さ)げる: 내리다, 치우다
·後片付(あとかたづ)け: 설거지

예, 그러세요.

はい、どうぞ。

남에게 어떤 행동을 권할 때 "그렇게 하세요."란 뜻으로 편리하게 쓸 수 있는 말이니 꼭 외워두자.

아직 먹고 있습니다.

まだ食(た)べています。

「まだ残(のこ)ってますから…。」(아직 남아 있으니까….)라고도 할 수 있다.

DAY 158 음식점에서

치워 주세요.

이것 좀 치워 주세요.

これを下げてください。

음식을 다 먹고 치워달라고 할 때 쓰는 표현이다.

이것 치워 주시겠어요?

これを下げていただけますか。

위 표현보다 정중하게 들린다.

죄송합니다. 유리컵을 깨버렸습니다.

すみません。グラスを割ってしまいました。

「グラス」는 '유리컵'이고, 「ガラス」는 '유리'나 '유리창'을 뜻한다. 발음에 주의. 「割(わ)る」는 '깨다, 깨뜨리다'란 뜻이지만, '약속을 깨다'라고 할 때는 「約束(やくそく)を破(やぶ)る」라고 한다. 이밖에도 「やぶる」를 쓰는 경우는 '침묵을 깨다: 沈黙(ちんもく)を破(やぶ)る', '기록을 깨다(갱신하다): 記録(きろく)を破(やぶ)る' 등이 있다.

· 割(わ)る: 깨다, 깨뜨리다

계산하기

 159

계산해 주세요.

계산해 주십시오.

お勘定 お願いします。
(かんじょう)(ねが)

「計算(けいさん)」이란 말도 있지만, 음식점 등에서는 「勘定(かんじょう)」를 많이 쓴다. 「いくらですか。」(얼마예요?)는 대개 물건을 살 때 쓰는 말.

어디서 지불해요?

どこで払うのですか。
(はら)

· 払(はら)う: 지불하다, 계산하다
· 支払(しはら)い: 지불
· 支払(しはら)い方法(ほうほう): 지불 방법

영수증 좀 주시겠어요?

レシートをいただけますか。

우리나라에서는 계산하는 곳을 카운터라고 하지만, 일본에서는 「レジ」라고 한다. 또 영수증은 「レシート」라고 하는데, 한자어 그대로 써서 「領収証(りょうしゅうしょう)」라고도 한다.

계산하기

제가 낼게요.

따로 따로 계산하고 싶습니다만.

別々に払いたいんですが。(お願いします。)

일본에서는 동료들이나 친구들과 밥을 사먹더라도 와리캉〔割(わ)り勘(かん)〕이라고 해서 각자 내는 것이 일반적이다.

· 別々(べつべつ)に: 따로따로 ↔ いっしょに: 같이

오늘은 제가 내겠습니다.

今日は私がおごります。

「私(わたし)がごちそうします。」라고 하면 더욱 정중하게 들린다. 보통 사준다라고 할 때 「買(か)ってあげる」(사 줄게)라고 잘못 쓰는 경우가 많은데, 물건을 직접 사서 주는 경우가 아니라 '한턱 내다'는 뜻일 때는 「おごる」를 써야 한다. 「私(わたし)のおごりです。」(제가 사는 거예요.) 「おごってよ。」(사 주라.)

회사경비로 사는 거예요.

会社の経費で落としますよ。

회사 경비로 처리하는 것은 「会社持ち(かいしゃもち)」, 개인이 지불하는 것은 「個人持ち(こじんもち)」라고도 한다.

· 経費(けいひ): 경비

계산하기

🔊 161

같이 계산해 주세요.

두 사람, 같이 계산해 주세요.

二人(ふたり)、いっしょに勘定(かんじょう)してください。

「勘定(かんじょう)する」는 주로 '돈을 지불하다'라는 뜻으로 음식점이나 쇼핑 등 지불하는 장면에서 자주 쓰는 말이다. 「計算(けいさん)する」는 숫자, 금액, 시간 등 보다 다양하게 쓸 수 있다.

· 一緒に(いっしょ)に: 같이, 함께
· 勘定(かんじょう)する: 계산하다, 대금을 지불하다

신용카드로 계산할 수 있어요?

クレジットカードで払(はら)えますか。

「カードでいいですか。」라고 해도 좋다. 신용카드로 할 경우, 명세서에 사인을 해야 하는데, 사인을 잘못해서 용지를 다시 달라고 해야 할 때는 뭐라고 하면 좋을까? 이 때는「すみません。字(じ)を間違(まちが)いました。もう一枚(いちまい)ください。」(죄송하지만, 글자(사인)를 잘못 썼거든요. 한 장 더 주세요.)라고 한다.

DAY 162 계산하기

맞지 않는데요.

계산이 안 맞는 것 같은데요.

会計が合っていないようですが。

「会計(かいけい)」는 음식점에서 값을 치르는 일, 또는 그 계산을 뜻하는 말로, 「お勘定(かんじょう)」라고도 한다.

거스름돈이 맞지 않는데요.

おつりが合っていませんが。

「おつり」는 거스름돈. 동전은 「小銭(こぜに)」라고 하는데, 계산할 때 "잔돈으로 드려서 죄송해요"라고 할 때는 「こまかいのですみません。」처럼 「こまかいの」라는 말을 쓰기도 한다.

(계산하고 나올 때)매우 맛있었습니다.

とてもおいしかったです。

상대방으로부터 대접을 받았을 때(ごちそうしてもらったとき)는 음식을 남기는 것은 실례가 될 수 있으므로, 가능하면 다 먹는 것이 좋겠다(양도 적게 나오니까).

계산하기

🔊 163

괜찮습니다.

여기요. 계산 부탁합니다.

すみません。お勘定（かんじょう）お願（ねが）いします。

네, 600엔 되겠습니다.

はい、６００円（ろっぴゃくえん）になります。

만 엔짜리인데 괜찮습니까?

一万円（いちまんえん）でよろしいですか。

「一万円(いちまんえん)」 만 엔. 우리와 달리 만 엔일 때는 꼭 「一万円(いちまんえん)」으로 표현한다는 것 기억하자. 천 엔은 「千円(せんえん)」.

예, 괜찮습니다.

はい、けっこうです。

'괜찮다'는 흔히 「大丈夫(だいじょうぶ)」를 떠올리는데, 「大丈夫(だいじょうぶ)」는 다친 사람에게 괜찮냐고 물어볼 때, 또는 '상관없다'는 뜻으로 쓰고, 「けっこうです。」는 "좋아요(긍정)", 또는 사양할 때 "괜찮아요, 됐어요"란 뜻으로 쓴다. 또, 부사로 쓸 때는 「けっこう高(たか)い」 (제법 비싸다) 처럼 '제법, 꽤'란 뜻도 있다.

DAY 164 계산하기

만 엔 받았습니다.

만 엔 받았습니다.

一万円お預かりいたします。

「一万円(いちまんえん)お預(あず)かりいたします。」는 "만 엔 받았습니다."라는 뜻으로, 상점 등에서 값을 치를 때 점원에게 흔히 듣게 되는 말이다. 「あずかる」는 원래 '맡다'란 뜻이고, 타동사는 「あずける(맡기다)」. "아이를 옆집에 맡기고 왔어요."는 「子供(こども)をとなりの家(いえ)に預(あず)けて来(き)ました。」.

9,400엔 거스름돈입니다.

９，４００円のお返しです。

·返(かえ)す: 되돌리다, 대갚음하다, 갚다. 「借(か)りた本(ほん)をまだ返(かえ)してない。」(빌린 책을 아직 돌려주지 않았다.) 「～円(えん)のお返(かえ)しです。」는 "～엔 거스름돈입니다."란 뜻.

상황회화

대단히 감사합니다.

どうもありがとうございました。

계산을 마치고 손님이 나갈 때 점원이 하는 말이다.

DAY 165 술집 이용하기 🔊 165

맥주 주세요.

일단 맥주 주세요.

とりあえずビールをください。

「ビル」로 짧게 발음하면 '빌딩(building)'이 되므로 발음에 주의해야 한다. 참고로, '수제맥주'는 「クラフトビール」(craft beer)라고 한다.
· とりあえず: 일단
· ビール: 맥주

맥주 두 병 주세요.

ビールを二本(にほん)ください。

병이나 우산, 담배처럼 길쭉한 것을 셀 때는 「本(ほん)」을 쓴다.
· 一本(いっぽん)　· 二本(にほん)　· 三本(さんぼん)
· 四本(よんほん)　· 五本(ごほん)　· 何本(なんぼん)

칵테일 있어요?

カクテルはありますか。

· カクテル: 칵테일
최근 일본에서는 한국 소주가 인기인데, 소주를 그대로 마시지 않고 오이나 레몬즙 등으로 희석하여 부드럽게 마시는 경우가 많다.

DAY 166

술집 이용하기

안주 있어요?

안주 있어요?

おつまみはありますか。

술안주를 뜻하는 말은 「つまみ」와 「おさかな(お肴)」가 있는데, 「おつまみ」는 주로 손으로 집어먹는(つまむ) 마른 안주를, 「おさかな」는 술안주(특히 일본 전통주(日本酒)와 곁들일 때)로 요리를 가리킨다. 하지만, 보통 '안주'라고 할 때는 「おつまみ」라고 한다.

물을 탄 위스키를 드시겠습니까?

水割りでいいですか。

「水割(みずわ)り」는 물을 탄 위스키(물과 위스키가 따로 나오기도 함), 「ストレート」는 스트레이트, 「オンザロック」는 온더락(얼음에 위스키를 넣은 것).

맥주 한 병 더 주세요.

ビールをもう一本ください。

● 젊은이들이 자주 가는 곳 이자카야(居酒屋)

이자카야에서는 생맥주, 와인, 레몬츄하이(チューハイ: 레몬소주) 등 다양한 술을 저렴하게 즐길 수 있으며, 간단한 식사도 가능하다. 일본 술 문화의 특징 중 하나는 첨잔이 가능하다는 것이다. 따라서 일본 사람과 술을 마실 때는 술잔이 비기 전에 채워주는 것이 매너이다. 또, 잔을 돌리거나 원샷(いっき)을 강요하는 일은 피하는 것이 좋다.

DAY 167

패스트푸드점에서

음료수는 어떠세요?

햄버거 두 개 하고 포테이토 하나 주세요.

ハンバーガー二つとフライドポテト一つください。

물가 비싸기로 유명한 도쿄지만, 패스트푸드점이라면 비교적 적은 돈으로 실컷 먹을 수 있다. 단, 메뉴를 일본식 외래어로 발음해야 한다. 햄버거는 '함바ー가(ハンバーガー)', 콜라는 '코ー라(コーラ), 커피는 '코ー히ー(コーヒー)'라고 발음해야 한다.

음료수는 어떠세요? (음료수도 하시겠습니까?)

お飲み物はいかがですか。

콜라 주세요.

コーラをください。

2층에도 자리가 있습니다.

2階にもお席がございます。

「ございます」는 「あります」의 겸양어.

DAY 168 · 패스트푸드점에서

가져갈 겁니다.

여기서 드실 겁니까? 가져가실 겁니까?

ここでお召し上がりですか。お持ち帰りですか。

패스트푸드점에서 흔히 들을 수 있는 표현이다. '持(も)ち帰(かえ)り」는 「持(も)ち帰(かえ)る」의 명사형. 「お+동사ます형+ですか」의 형태로 정중한 의문문을 나타낸다. 참고로 흔히 스낵(snack)이라고 하면 간식류나 과자를 떠올리지만, 일본에서 스나꾸(スナック)는 snack bar의 준말로, '술집'을 뜻하기도 한다.

여기서 먹을 겁니다.

ここで食べます。

가져갈 겁니다.

持って帰ります。

질문은 「お持(も)ち帰(かえ)りですか。」하고 정중하게 묻지만, 대답할 때는 「お」를 떼고 대답하면 된다. 「はい、持ち帰りで。」(네, 테이크아웃으로요.)도 회화에서 자주 쓴다.

쇼핑하기

어디에 있어요?

이 근처에 쇼핑센터가 있습니까?

この近(ちか)くにショッピングセンターはありますか。

· 近(ちか)く: 근처, 가까운 곳
· 遠(とお)く: 먼 곳, 멀리

가장 가까운 백화점은 어디에 있습니까?

一番近(いちばんちか)いデパートはどこにありますか。

· 一番(いちばん): 가장, 제일
· 近(ちか)い: 가까운, 가깝다
· デパート: 백화점

면세점은 어디에 있습니까?

免税店(めんぜいてん)はどこにありますか。

· 免税店(めんぜいてん): 면세점

쇼핑하기

170

어디서 살 수 있어요?

필름은 어디서 살 수 있습니까?

フィルムはどこで買(か)えますか。

「フィルム」는 영어 'film'(필름)의 일본식 발음이다. 「フィルム」 대신 자신이 원하는 물건명을 넣어 말해 보자.
· 買(か)える: 살 수 있다 (買う의 가능 동사)

여기에서 멉니까?

ここから遠(とお)いですか。

· 遠(とお)い: 멀다

아뇨, 바로 옆입니다.

いいえ、すぐとなりです。

· すぐ: 바로
· となり: 옆, 이웃, 옆집

쇼핑하기

어떻게 가면 되죠?

여기에 가고 싶은데요…. (메모 등을 보여주며)

ここに行(い)きたいんですが。

어떻게 가면 좋습니까?

どうやって行(い)ったらいいですか。

· どうやって: 어떻게, 어떻게 해서
· 行(い)ったら: 가면 (~たら: ~면)

바겐세일은 언제까지입니까?

バーゲンセールはいつまでですか。

· バーゲンセール: 바겐세일

그 백화점은 몇 시까지 합니까?

そのデパートは何時(なんじ)までやっていますか。

쇼핑하기

몇 시까지입니까?

실례지만, 시계 매장은 몇 층입니까?

すみませんが、時計売り場は何階ですか。

· 時計(とけい): 시계
· 売(う)り場(ば): 매장
· 何階(なんがい): 몇 층

실례지만, 엘리베이터는 어디에 있습니까?

すみませんが、エレベーターはどこですか。

· エレベーター: 엘리베이터

영업시간은 몇 시까지입니까?

営業時間は何時までですか。

· 営業時間(えいぎょうじかん): 영업시간

쇼핑하기

🔊 173

20% 할인됩니다.

바겐 품목에 한해 반품되지 않습니다.

最終品につき、返品をおことわりします。
(さいしゅうひん)　　(へんぴん)

「最終品(さいしゅうひん)」은 「セール用品(ようひん)」 또는 「セール品(ひん)」이라고도 한다.
· ことわる: 거절하다, 사양하다
· 返品(へんぴん): 반품

20% 할인됩니다.

20%引きです。
(び)

「引(ひ)き」는 '할인'이라는 뜻으로 「割引(わりび)き」라고도 한다. 20% 할인은 달리 「2割(にわり)びき」라고도 할 수 있다. 앞에 숫자가 올 때는 「びき」로 읽는 경우가 많다. 가격표에 흔히 「税入み(ぜいこみ)」라는 말이 붙어 있는 경우가 있는데, 이것은 '부가세 포함'이란 뜻이다. 모든 물건에 부가세가 다 붙기 때문에 1엔, 5엔짜리도 많이 쓰이고 있다.

· %(パーセント): 퍼센트

쇼핑하기

그냥 좀 보는 거예요.

어서 오십시오.

いらっしゃいませ。

「いらっしゃいませ。」는 상점이나 음식점에 들어갈 때 점원이 하는 인사말이고, 보통 집에서 "어서오세요."라고 할 때는「いらっしゃい。」라고 한다.

뭔가 찾으시는 물건이 있습니까?

何(なに)かお探(さが)しでしょうか。

아뇨, 그냥 좀 보는 거예요.

いいえ、ちょっと見(み)てるだけです。

「見(み)てる」는「見(み)ている」의 준말로, 회화체에서는 이렇게「い」를 생략해서 쓰는 경우가 많다.

· ~だけ: ~뿐

쇼핑하기

175

면도기를 찾고 있는데요.

손수건을 찾고 있습니다.

ハンカチを探してます。

좀 더 간단하게 「あのー、ハンカチはありますか。」(저어, 손수건 있습니까?)라고 해도 된다.

·ハンカチ: 손수건

저어, 면도기를 찾고 있는데요….

あの、かみそりを探しているんですが…。

·あの: 저, 저어
·かみそり: 면도기

스킨(로션) 있어요?

化粧水はありますか。

·化粧水(けしょうすい): 화장수, 스킨로션

쇼핑하기

🔊 176

유행하는 디자인

어떤 디자인이 유행하고 있습니까?

どんなデザインがはやりですか。

「はやりですか。」는 "유행합니까?", "유행하고 있습니까?"란 뜻으로는 「はやってますか。」라고 해도 좋다.
- デザイン: 디자인, design
- はやり: 유행

그것은 신상품입니까?

それは新商品(しんしょうひん)ですか。

'신제품'은 「新製品(しんせいひん)」이라고 한다.

같은 것으로 좀 더 밝은 색은 없습니까?

同(おな)じので、もう少(すこ)し明(あか)るい色(いろ)はありませんか。

| ·あか: 빨강 | ·あお: 파랑 | ·きいろ: 노랑 |
| ·みどり: 녹색 | ·くろ: 검정 | ·しろ: 흰색 |

상황회화

쇼핑하기

DAY 177

다른 색도 보여 주세요.

다른 색도 보여 주세요.

他(ほか)の色(いろ)も見(み)せてください。

점원이 "다른 색도 보여 드릴까요?" 할 때는 「他(ほか)の色(いろ)もお見(み)せしましょうか。」라고 한다.
- 他(ほか)の: 다른
- 見(み)せる: 보여주다

좀 더 큰 것은 없습니까?

もう少(すこ)し大(おお)きいのはありませんか。

- 大(おお)きい: (크기가) 크다 ↔ 小(ちい)さい: 작다
- 多(おお)い: 많다 ↔ 少(すく)ない: 적다

이것은 세일 품목 입니까?

これはセール対象品(たいしょうひん)ですか。

- セール対象品(たいしょうひん): 세일 품목, 세일 대상품

DAY 178 쇼핑하기 🔊 178

비싸네요.

이것은 얼마입니까?(가격을 흥정할 때)

これはいくらですか。

「いくらですか。」는 값을 물을 때 가장 많이 쓰는 말이다.

비싸네요.

高(たか)いですね。

"좀 비싸군요."는 「ちょっと高(たか)いですね。」라고 하면 된다.

좀 더 싸게 안 돼요?

もう少(すこ)し安(やす)くなりませんか。

간혹 「勉強(べんきょう)します。」라는 말을 들을 수도 있는데, 이 말은 "공부합니다."가 아니라 "싸게 드립니다."라는 뜻이다! 일본의 경우 정찰제가 일반적이지만 전자상가 같은 곳에서는 가격을 깎아주기도 한다.

쇼핑하기

DAY 179

이걸로 주세요.

이걸로 주십시오.

これをください。

· これ: 이것
· 〜を: 〜을, 〜를
· ください: 주십시오, 주세요

이 쿠폰은 쓸 수 있습니까?

このクーポン券(けん)は使(つか)えますか。

「クーポン券(けん)」은 우리가 흔히 말하는 '쿠폰'과 같은 것으로, 사용법도 비슷하다.
· 使(つか)える: 쓸 수 있다

그것으로 하겠습니다.

それにします。

· 〜にする: 〜로 하다

쇼핑하기

🔊 180

조금 더 생각해보고 하겠습니다.

조금 더 생각해보고 하겠습니다.

もう少し考えてからにします。

싼 물건을 살 경우는 괜찮지만 역시 가격이 비싼 물건을 살 때는 이렇게 말하고 신중히 결정을 해야 할 것이다.

· ~てからにします: ~하고 나서 결정하겠습니다 → ~하고 나서 하겠습니다

죄송합니다. (다음에) 또 오겠습니다.

すみません。また来ます。

"잘 봤습니다." 라는 뜻으로, 「どうも。」하고 말하기도 한다.

죄송합니다. 다음에 사겠습니다.

すみません。次回にします。

「次回(じかい)にします。」는 "다음에 할게요."란 뜻이니까 다음에 사겠다는 뜻이다. 이렇게 말했다고 해서 다음에 꼭 사야 된다는 건 아니니깐, 완곡한 사양이 되는 셈이다.

쇼핑하기

전부 얼마예요?

전부 해서 얼마입니까?

全部(ぜんぶ)でいくらになりますか。

「いくらになりますか」는 '얼마입니까?'라는 뜻으로, 「いくらですか」와 바꿔 쓸 수 있다.
· 全部(ぜんぶ)で: 모두 합쳐서

지불은 어떻게 하시겠습니까?

お支払(しはら)い方法(ほうほう)はどうなさいますか。

· お支払(しはら)い方法(ほうほう): 지불 방법
· なさいますか: 하시겠습니까?

카드로 부탁합니다 (지불하겠습니다).

クレジットカードでお願(ねが)いします。

현금으로 낼 때는 「現金(げんきん)で払(はら)います。」 또는 「キャッシュで払(はら)います。」라고 한다.

쇼핑하기

🔊 182

카드로 계산할 때

전부 해서 32,500엔 되겠습니다.

全部で3万2千5百円になります。
(ぜんぶ) (さんまんにせんごひゃくえん)

카드도 돼요?

クレジットカードでもいいですか。

예, 괜찮습니다.

はい、けっこうです。

여권을 보여 주시겠습니까?

パスポートを見せていただけますか。
(み)

예.

はい。

여기에 싸인을 부탁드립니다. (사인을 한다.)

ここにサインをお願いします。
(ねが)

예, 대단히 감사합니다.

はい、どうもありがとうございました。

쇼핑하기

포장됩니까?

포장됩니까?

つつんでもらえますか。

・つつむ: 싸다, 포장하다

예. 하지만, 추가요금이 드는데요.

はい。しかし追加料金になりますが。

선물이니까 포장해 주세요.

プレゼントなのでつつんでください。

포장을 원하지 않을 때는 「いいえ、けっこうです。」(아뇨, 됐어요.)라고 말한다. "죄송하지만, 따로따로 쇼핑백에 넣어 주세요."는 「すみませんが、べつべつにふくろに入(い)れてください。」.

・べつべつに: 따로 따로
・ふくろ: 원래 '자루, 주머니, 봉투'라는 뜻인데, '쇼핑백'이란 뜻으로도 쓰인다.

DAY 184

쇼핑하기

요금이 얼마예요?

요금이 얼마예요?(물건을 사면서 포장을 부탁할 때)

料金はいくらですか。

"포장지에 따라 다릅니다만, 100엔짜리와 200엔짜리가 있습니다." 는「包装紙(ほうそうし)によりますが、100円(ひゃくえん)のと200円(にひゃくえん)のがあります。」'~짜리'에 해당하는 말은「~の」이다.

· 包装紙(ほうそうし): 포장지
· 100円(ひゃくえん)の: 100엔짜리

100엔짜리로 부탁합니다.

100円のでお願いします。

예, 잠시만 기다려 주십시오.

はい、少々お待ちください。

기다리시게 해서 죄송합니다. (여기 다 되었습니다.)

お待たせしました。

쇼핑하기

🔊 185

반품됩니까?

이거, 반품되나요?

これ、返品(へんぴん)できますか。

"이거, 반품하고 싶은데요."는 「これを返品(へんぴん)したいんですが。」

언제 구입하셨죠?

いつ、お買(か)いになりましたか。

· お買(か)いになる: 구입하시다. 「お+ます형+になる」 형태로 '~하시다'란 뜻을 나타낸다.

조금 아까 샀어요.

さっき買(か)ったばかりです。

「~たばかり」는 '~한지 얼마 되지 않았다, 즉 조금 전에 막 샀다'는 뜻이다. "지금 막 샀어요"는 「たった今(いま)買(か)ったばかりです。」 교환을 하고 싶을 때는 「交換(こうかん)できますか。」라고 하면 된다. 「交換(こうかん)する」는 '교환하다(= 取(と)り換(か)える)'.

쇼핑하기

DAY 186

흠이 나 있는데요.

이거, 흠이 나 있는데요.

これ、傷(きず)がついてるんですが。

흔히 옷에 흠이 나있는 것을 '기스가 났다'고 하는데, 이 '기스'는 일본어 「きず」에서 온 말이다. 상자가 파손되거나 망가진 경우에는 「壊(こわ)れる」나 「破損(はそん)する」, 음식이 상했을 때는 「いたむ」를 쓴다.

· 傷(きず)がつく : 흠이 나다, 상처가 나다

환불해 주셨으면 하는데요.

払(はら)いもどししてほしいんですが。

물건 잘 만들기로 유명한 일본이지만, 혹 흠이 있어, 바꾸거나 환불할 일이 전혀 없는 것은 아닐 것이다. 일본에서 흔히 고급 카메라나 헤드폰 등을 사오는 경우가 있는데, 전자제품을 살 때는 반드시 품질보증서와 한국의 AS센터를 확인해두는 것이 좋다. 이 때 쓸 수 있는 말. "AS는 어디서 받을 수 있나요?" 「アフターサービスはどこでやってもらえますか。」

· 払(はら)いもどす : 환불하다
· ~てほしい : ~해 줬으면 좋겠다

DAY 187

쇼핑하기

입어봐도 돼요.

입어 봐도 돼요?(옷을 구입할 때)

試着してみてもいいですか。

「試着(しちゃく)」라는 단어가 조금 생소하겠지만, '옷을 입어보다'란 뜻이다. 그래서 탈의실이나 피팅룸을 일본어로는 「試着室(しちゃくしつ)」라고 한다.
· ~てみてもいい: ~해봐도 좋다

입어 봐도 괜찮죠?

着てみてもいいですか。

가장 간단하게 '입다'(着る)란 단어를 이용하여 이렇게 표현해도 된다. 신발을 살 때는 「はいてみてもいいですか。」(신어봐도 되나요?).

입어 보는 곳은 어디예요?

試着室はどこですか。

「試着室(しちゃくしつ)」는 영어로 「フィッティングルーム(Fitting room)」라고도 한다.

 쇼핑하기

딱 좋습니다.

딱 좋습니다.

ちょうどいいです。

좀 더 크거나 작은 것을 원할 때는「もう少(すこ)し大(おお)きいの / 小(ちい)さいのありますか。」딱 맞다고 할 때「ぴったり」란 말도 자주 쓴다.

소매가 너무 길어요.

そでがながすぎます。

「そで」는 소매를 말한다. 흔히 소매 없는 옷을 소데나시(そでなし: 소매 없음)라고 하는데 이건 일본말이다.
· ながすぎる: 너무 길다 (「長(なが)い」에「すぎる」가 붙은 복합어)

치마 길이가 좀 짧은 것 같은데요.

スカートのたけがちょっと短(みじ)かいようですが。

· たけ: 길이, 기장

쇼핑하기

보여 주세요.

어서 오십시오. 무엇을 찾으십니까? (귀금속 및 시계를 살 때)

いらっしゃいませ。何をお探しですか。

그것을 보여 주세요.

それを見せてください。

이거, 진짜예요?

これ、本物ですか。

·本物(ほんもの): 진짜. '가짜'는 「にせもの」.

이 반지는 14K인가요?

このゆびわは １４金ですか。

순금은 「純金(じゅんきん)」, 18K는 「18金(じゅうはちきん)」
·ゆびわ: 반지
·イヤリング: 귀걸이

쇼핑하기

스킨이 필요한데요.

스킨이 필요합니다만….(화장품 가게에서)

化粧水(けしょうすい)がほしいんですが…。

우리가 흔히 말하는 '스킨(로션)'을 일본어로는 「化粧水(けしょうすい)」라고 한다. 한편 일본어로 「スキン」이라고 하면 '콘돔'의 뜻이 되므로 주의!

건성 피부용 스킨 있습니까?

しっとり用(よう)化粧水(けしょうすい)はありますか。

'건성피부'는 「乾性(かんせい)はだ」, '지성피부'는 「脂性(しせい)はだ」라고 한다.

· 건성피부: 乾(かわ)きやすい肌(はだ) → しっとり用(よう)(건성용)
· 지성피부: 脂(あぶら)っぽい肌(はだ) → さっぱり用(よう)(지성용)

민감성 피부인데 괜찮습니까?

敏感(びんかん)はだなのですが、大丈夫(だいじょうぶ)ですか。

DAY 191

쇼핑하기

🔊 191

어떻게 사용합니까?

이 크림은 어떻게 사용합니까?(화장품 가게에서)

このクリームはどのように使(つか)いますか。

· クリーム: 크림, cream

좀 더 밝은 색상의 파운데이션이 있습니까?

もう少(すこ)し明(あか)るい色(いろ)のファンデーションはありますか。

· ファンデーション: 화운데이션

갈색 계통의 립스틱을 보여 주십시오.

ブラウン系(けい)のくちべにを見(み)せてください。

화장품 가게에서 "이거, 발라 봐도 됩니까?"라고 물을 때는 「これつけてみてもいいですか。」하면 된다.
· レッド系(けい): 붉은색 계열
· ピンク係(けい): 핑크색 계열

DAY 192

쇼핑하기

위장약 있습니까?

이 처방전의 약을 주십시오.(약국에서)

この処方箋の薬をください。
しょほうせん　くすり

· 処方箋(しょほうせん): 처방전　　· 薬(くすり): 약

위장약 있습니까?

胃薬はありますか。
い ぐすり

· 胃薬(いぐすり): 위장약　　· アスピリン: 아스피린
· かゆみ止(ど)め: 가려운 데 바르는 약　· ロイヒつぼ膏(こう): 동전파스

알레르기 체질입니다.

アレルギー体質です。
たいしつ

간단한 약은「薬(くすり)」라는 간판이 걸려 있는 곳에 가면 되는데, 화장품 등을 팔고 있는 곳도 있어, 약국의 느낌보다는 잡화점에 가깝다.

이 약의 복용법을 알려 주십시오.

この薬の飲み方を教えてください。
くすり　　の　　かた　おし

1일 3회, 식후에 1정씩 복용하십시오.
1日(いちにち)3回(さんかい)食後(しょくご)に1錠(いちじょう)ずつ飲(の)んでください。

상황회화

쇼핑하기

CD를 사고 싶은데요.

최신곡 CD를 사려고 합니다만….

最新(さいしんきょく)曲のCDがほしいんですが。

「~がほしい」는 직역하면 '~을 원하다 / 갖고 싶다'로, 상점 등에서 물건을 살 때 '~을 사려고 합니다만'의 뜻으로도 많이 쓴다.

뭔가 추천할 만한 것이 있습니까?

何(なに)かおすすめはありますか。

이 카메라의 전지가 필요합니다만….

このカメラの電池(でんち)がほしいんですが…。

·電池(でんち): 전지, 건전지 「電池(でんち)」는 「乾電池(かんでんち)」라고도 한다.

우표 있습니까?

切手(きって)はありますか。

·切手(きって): 우표

DAY 194 관광하기

지도 있습니까?

시내 지도는 있습니까?(관광안내소에서)

街の地図はありますか。

· 地図(ちず): 지도
· 街(まち): 시내, 거리, 도시

관광안내소는 어디에 있습니까?

観光案内所はどこにありますか。

「案内所(あんないしょ)」는 「観光(かんこう)インフォメーション」이라고도 한다.

이 도시의 가 볼 만한 곳을 가르쳐 주십시오.

この街の見どころを教えてください。

· 見(み)どころ: 볼 만한 곳

관광하기

🔊 195

시내를 관망할 수 있는 곳

시내를 관망할 수 있는 곳이 있습니까?

市内を見渡せる場所はありますか。
し　ない　　み わた　　　　　ば しょ

「見渡(みわた)せる」는 「見渡(みわた)す」의 가능 동사로, '관망할 수 있는', '내다볼 수 있는'의 뜻을 나타낸다.
· 場所(ばしょ): 장소, 곳

택시로 관광하고 싶습니다만….

タクシーで観光したいんですが…。
かんこう

일본의 교통요금, 특히 택시 요금은 매우 비싸기 때문에, 사실 일본에서 택시로 여행을 한다는 것은 꽤 무리일 것이다. 관광객을 위한 하토바스(ハトバス)나 지하철을 이용하는 것이 경제적이다.
· タクシー: 택시, taxi

하루에 얼마입니까?

一日いくらですか。
いちにち

관광하기

학생 한 장 주세요.

입장료는 얼마입니까? (관광지에서)

^{にゅうじょうりょう}
入場料はいくらですか。

보통은 매표소 앞에 표시된 요금을 보고 계산하면 되는데, 20명 이상인 경우에는 단체 할인 혜택을 받을 수 있는 곳도 있다.
· 入場料(にゅうじょうりょう): 입장료

할인 됩니까?

割(わ)り引(び)きはありますか。

"할인됩니까?"의 뜻으로 「割(わ)り引(び)きできますか。」라고 해도 OK!

학생 한 장 주세요.

^{がくせいいちまい}
学生1枚ください。

"어른 두 장 주세요."는 「大人(おとな)2枚(にまい)ください。」라고 하면 된다.

상황회화

관광하기

🔊 197

몇 시까지 엽니까?

몇 시까지 엽니까?(관광지에서)

何(なん)時(じ)まで開(あ)いていますか。

· ~まで: ~까지
· 開(あ)く: 열다(영업을 하고 있다는 뜻)

짐 좀 맡아 주시겠습니까?

荷(に)物(もつ)を預(あず)かっていただけますか。

「~ていただけますか」는 '~해 주시겠습니까?'의 뜻으로 매우 정중한 의뢰표현이다.
· 荷物(にもつ): 짐, 물건
· 預(あず)かる: 맡다, 보관하다

코인 락커는 어디에 있습니까?

コインロッカーはどこにありますか。

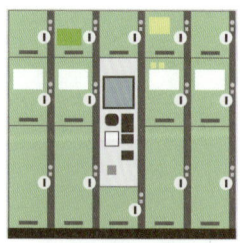

DAY 198 관광하기

사진을 찍어도 됩니까?

여기서 사진을 찍어도 됩니까?(사진을 찍을 때)

ここで写真(しゃしん)をとってもいいですか。

죄송하지만, 사진을 좀 찍어 주시겠습니까?

すみませんが、写真(しゃしん)をとっていただけますか。

사진기를 들어 보이면서 「すみませんが、ちょっとお願(ねが)いしてもいいですか。」라고 하면 좀 더 자연스러운 대화가 된다. 그런데, 카메라를 들이대고 "자 찍습니다."라고 하려면 뭐라고 해야 할까? 이때는 「さあ、いきますよ。」라고 한다. 직역하면 '자아, 갑니다'지만, 사진을 찍을 때도 쓰는 말이므로 잘 기억해두었다가 활용해보자. 또 우리는 '김치~' 하고 찍는데 일본에서는 「はい。チーズ。」하고 찍는다.

이 박물관의 팜플렛은 있습니까?

この博物館(はくぶつかん)のパンフレットはありますか。

대부분의 박물관에는 팜플렛이 놓여 있으나, 최근에는 환경 오염 관계로 비치하지 않는 곳도 있으므로 안내원에게 문의하도록 하자. 유료인지, 무료인지 확인할 때는 「有料(ゆうりょう)ですか。」하고 물어보면 된다.

관광하기

🔊 199

누르기만 하면 됩니다.

여기를 누르기만 하면 됩니다.(사진을 찍을 때)

ここを押(お)すだけです。

· 押(お)す: 누르다

한 장 더 부탁합니다.

もう一枚(いちまい)お願(ねが)いします。

한번 더 찍어달라는 뜻이다.

같이 사진 찍지 않겠습니까?

一緒(いっしょ)に写真(しゃしん)をとりませんか。

여행지에서 마음에 드는 사람을 만났다면 해 볼 수 있는 표현들이다. 대개는 상대방이 당황해 하겠지만…. 만약 SNS나 연락처를 알고 싶다면 「よかったらSNSでつながりませんか。」(괜찮으면 SNS로 연락하지 않을래요?) 「よかったらLINE交換(こうかん)しませんか。」(괜찮으면 LINE 교환할래요?) 등과 같이 말하면 된다.

DAY 200

관광하기

걸어서 갈 수 있습니까?

죄송하지만, 역으로 가는 길을 가르쳐 주십시오.(길을 물어볼 때)

すみませんが、駅へ行く道を教えてください。

・駅(えき): 역

걸어서 갈 수 있습니까?

歩いて行けますか。

「どう行(い)けばいいですか。」(어떻게 가면 됩니까?)도 유용한 표현이므로 외워 두자.

뭔가 표시가 될 만한 것이 있습니까?

何か目印はありますか。

・目印(めじるし): 표지, 표식이 될만한 것.

상황회화

관광하기

한국어를 할 수 있는 가이드

한국어를 할 수 있는 가이드는 있습니까? (가이드가 필요할 때)

韓国語を話せるガイドさんはいますか。
かんこくご　はな

일본 사람들은 '가이드'나 '운전사'를 말할 때 보통 뒤에 「〜さん」(〜님)을 붙인다.

・ガイド(さん): 가이드

어떤 관광이 인기가 있습니까?

どんなツアーが人気がありますか。
にんき

「人気(にんき)がありますか。」대신「人気ですか。」라고 해도 좋다. 「ツアー」는 보통 단체여행상품을 말한다.

예약을 하는 게 좋습니까?

予約をしたほうがいいですか。
よやく

・〜たほうがいい: 하는 편이 좋다

관광하기

중식포함인가요?

티켓은 어디서 살 수 있습니까?(투어 내용을 물어볼 때)

チケットはどこで買(か)えますか。

「チケット」는 영어 'ticket'의 일본식 발음이다.
・買(か)えますか: 살 수 있습니까?(買える는 買う의 가능동사)

그 투어는 점심 식사가 포함되어 있습니까?

それはランチ付(つ)きですか。

몇 시에 어디서 출발합니까?

何時(なんじ)にどこから出発(しゅっぱつ)しますか。

몇 시쯤 호텔로 돌아옵니까?

何時(なんじ)ごろホテルに戻(もど)ってきますか。

・戻(もど)ってくる: 돌아오다

DAY 203 관광하기

매우 즐거웠습니다.

앞으로 어느 정도 후에 도착합니까?(관광을 끝내고)

あとどのくらいで着(つ)きますか。

「着(つ)く」는 '도착하다'는 뜻의 동사. 한편 '물건이 도착하다, 당도하다'라고 할 때는 「とどく(届く)」라는 말을 쓴다.

서울 호텔에서 하차할 수 있습니까?

ソウルホテルで下車(げしゃ)できますか。

· 下車(げしゃ): 하차

고마워요. 매우 즐거웠습니다.

ありがとう。とても楽(たの)しかったです。

그럼, 내일 아침 로비에 다 모여 주세요.

じゃ、あしたの朝(あさ)、ロビーに集(あつ)まってください。

· ロビー: 로비
· 集(あつ)まる: 모이다

관광하기

콘서트에 가고 싶은데요.

시내의 이벤트 정보지는 있습니까?(콘서트나 공연장에 가고 싶을 때)

市内のイベント情報誌はありますか。

록 콘서트에 가고 싶은데요….

ロックコンサートに行きたいんですが…。

오늘이나 내일 밤에 볼만한 콘서트가 있나요?

今日か明日の晩、何かコンサートはありますか。

영화를 보고 싶은데요….

映画が見たいんですが…。

영화는 몇 시부터 상영됩니까?

映画は何時から上映されますか。

· 上映(じょうえい)される: 상영되다

공연, 스포츠 즐기기

🔊 205

티켓을 구입할 수 있을까요?

티켓 구입은 가능합니까?(티켓을 구할 때)

チケットの購入(こうにゅう)はできますか。

「チケット」는 영어 'ticket'의 일본식 발음이다.
· 購入(こうにゅう): 구입

아직 티켓을 구할 수 있을까요?

まだチケットは手(て)に入(はい)りますか。

· 手(て)に入(はい)る: 손에 들어오다, 구하다

언제라면 있죠?

いつならありますか。

가장 싼(비싼) 좌석은 얼마입니까?

いちばん安(やす)い(高(たか)い)席(せき)はいくらですか。

· 席(せき): 자리, 좌석

공연, 스포츠 즐기기

🔊 206

오늘 시합이 있습니까?

프로야구를 보고 싶은데요….

プロ野球が見たいのですが。

「プロ」는 영어 'professional'의 일본식 표현이다. 아마츄어는 「アマチュア」(amateur).

오늘 시합이 있어요?

今日、試合がありますか。

・試合(しあい): 시합

어디에서 합니까? / 어디서 (경기가)있죠?

どこでありますか。

예약은 벌써 했는데요….

予約はもうすませましたが…。

・すませる: 끝내다, 마치다

공연, 스포츠 즐기기

🔊 207

스키장 지도를 주세요.

초보자용 스키장은 있습니까?(스키장에서)

初心者のゲレンデはありますか。

「ゲレンデ」는 독일어 'gelende'의 일본식 발음으로, '스키장', '스키연습장'을 뜻한다.
· 初心者(しょしんしゃ): 초심자, 초보자

스키장 지도를 주십시오.

ゲレンデマップをください。

리프트 타는 곳은 어디입니까?

リフト乗り場はどこですか。

리프트 회수권은 어디서 살 수 있습니까?

リフトの回数券はどこで買えますか。

· 回数券(かいすうけん): 회수권
· 買(か)える: 살 수 있다

공연, 스포츠 즐기기

🔊 208

몇 시에 멈춥니까?

스키를 빌리고 싶습니다만….(스키장에서)

スキーを借りたいんですが…。

160cm 짜리 스키를 빌려 주십시오.

160センチのスキーを貸してください。

8인치 짜리 구두를 빌려 주십시오.

8インチの靴を貸してください。

보증금은 얼마입니까?

保証金はいくらですか。

이 리프트는 몇 시에 멈춥니까? (몇 시까지 탈 수 있습니까?)

このリフトは何時までですか。

상황회화

공연, 스포츠 즐기기

🔊 209

테니스 코트 있어요?

골프채를 빌리고 싶습니다만….

クラブを借(か)りたいんですが…。

「クラブ」에는 '골프채'의 뜻 외에 '클럽(모임)' '고급 술집' 등의 뜻도 있다.

이 호텔에 테니스 코트는 있습니까?

このホテルにテニスコートはありますか。

(테니스) 코트를 빌리고 싶습니다만….

コートを借(か)りたいんですが…。

· 借(か)りる: 빌리다
· 貸(か)す: 빌려주다

공연, 스포츠 즐기기　　　🔊 210

한 시간에 얼마죠?

한 시간에 얼마죠?

1時間いくらですか。

이 근처에 나이트클럽이 있습니까?

この近くにナイトクラブはありますか。

・ナイトクラブ: 나이트클럽

가장 큰 디스코텍을 가르쳐 주십시오.

一番大きいディスコを教えてください。

「ディスコ」(disco)는 'discotheque'의 줄임말로, '디스코텍'을 뜻한다.

상황회화

돌발사태

🔊 211

짐이 보이지 않습니다.

제 짐이 보이지 않습니다.

私の荷物が見つかりません。

「荷物(にもつ)がなくなってしまいました。」(짐이 없어졌어요.)라고도 할 수 있다.
· 荷物(にもつ): 짐, 물건

수하물 보관증은 있습니까?

預かり証はありますか。

· 預(あず)かり証(しょう): 보관증

예, 있습니다.

はい、あります。

「はい、あります。」(예, 있습니다.) 대신 「はい、持(も)っています。」(예, 가지고 있습니다.)라고 해도 좋다. 없으면 「いいえ、ありません。」(아니오, 없어요.).

DAY 212 돌발사태

여기로 연락해 주십시오.

여기에 가방이 없었어요?

ここにバックがありませんでしたか。

"여기 있던 가방 못 보셨어요?"도 이렇게 말하면 된다.

유실물 센터는 어디입니까?

忘(わす)れ物(もの)センターはどこですか。

짐을 찾으면 어디로 연락하면 됩니까?

荷物(にもつ)が見(み)つかったら、どこへ連絡(れんらく)したらいいですか。

(연락처를 보여주며) 여기로 연락해 주십시오.

ここに連絡(れんらく)してください。

·荷物(にもつ): 짐
·連絡(れんらく)する: 연락하다

상황회화

돌발사태

🔊 213

경찰에 연락해 주세요.

경찰에 연락해 주세요.

警察に連絡してください。

어디에서 잃어버렸는지 모르겠어요.

どこでなくしたのかわかりません。

· なくす: 잃어버리다, 없애다

차 번호는 기억하고 있지 않나요?

車のナンバーは覚えていませんか。

(그게) 전혀 기억이 안나요.

(それが)ぜんぜん覚えていません。

· ぜんぜん: 전혀

DAY 214

돌발사태

전화해 주십시오.

한국대사관에 전화해 주세요.

韓国大使館に電話してください。
(かんこくたいしかん)(でんわ)

· 韓国大使館(かんこくたいしかん): 한국대사관
· 電話(でんわ)する: 전화하다

한국대사관은 어디죠?

韓国大使館はどこですか。
(かんこくたいしかん)

우선 주일한국대사관에 전화하는 게 좋겠습니다.

まず 駐日韓国大使館へ電話したほうがいいです。
(ちゅうにちかんこくたいしかん)(でんわ)

· まず: 우선
· 주일한국대사관: 駐日韓国大使館(ちゅうにちかんこくたいしかん)
· 주한일본대사관: 駐韓日本大使館(ちゅうかんにほんたいしかん)

상황회화

돌발사태

🔊 215

도난당했습니다.

지갑을 도난당했습니다.

財布(さいふ)を盗(ぬす)まれました。

백(가방)을 낚아채였습니다.

バックをひったくられました。

・ひったくられる: 낚아채이다

여기에 두었던 가방이 없어졌습니다.

ここに置(お)いといたバックがなくなりました。

「置(お)いといた」는「置(お)いておいた」(놓아 두었다)의 줄임말로, 회화체 표현이다.
・置(お)く: 놓다, 두다

신용카드를 도난당했습니다.

クレジットカードを盗(ぬす)まれました。

DAY 216

돌발사태

재발급해 주시겠어요?

지금 바로 카드 지불을 정지시켜 주십시오.(카드를 분실했을 때)

すぐにカードの支払い停止をお願いします。

- すぐに: 즉시, 당장, 바로
- 支払(しはら)い: 지불
- 停止(ていし): 정지

재발급해 주시겠어요?

再発行していただけませんか。

「再発行してもらえませんか。」,「再発行してくださいませんか。」라고 해도 좋다.
- 再発行(さいはっこう): 재발행

재발행하는 데 얼마나 걸립니까?

再発行にどれくらいかかりますか。

비용은요?

費用は？

상황회화

돌발사태

도둑이 들었습니다.

도둑이야!

どろぼう!

제 방에 도둑이 들었습니다.

私(わたし)の部屋(へや)にどろぼうが入(はい)ったんです。

경찰을 불러 주십시오.

警察(けいさつ)を呼(よ)んでください。

"파출소에 데려가 주세요."는 「交番(こうばん)に連(つ)れていってください。」라고 하면 된다.
· 呼(よ)ぶ: 부르다

경찰에 신고하고 싶습니다만….

警察(けいさつ)に届(とど)けたいんですが…。

· 届(とど)ける: 신고하다

돌발사태

사고를 당했습니다.

(교통)사고를 당했습니다.

交通事故にあいました。

여기서 「あう」는 '(우연히 어떤 일을) 당하다'라는 뜻을 나타낸다.

충돌 사고를 당했습니다.

衝突事故にあいました。

남편(집사람)이 교통사고를 당했습니다.

夫(家内)が交通事故にあいました。

「夫(おっと)」는 자신의 남편, 「家内(かない)」는 자신의 아내를 부르는 말이고, 남의 남편은 「ご主人(しゅじん)」, 부인은 「おくさん」이라고 부른다.

차에 치였습니다.

車にひかれました。

상황회화

DAY 219

돌발사태

제 잘못이 아닙니다.

제 잘못이 아닙니다.(교통사고 확인현장에서)

私(わたし)の過失(かしつ)ではありません。

· 過失(かしつ): 과실

저에게는 책임이 없습니다.

私(わたし)には責任(せきにん)がありません。

저는 횡단보도로 걷고 있었습니다.

私(わたし)は横断歩道(おうだんほどう)を歩(ある)いていました。

· 横断歩道(おうだんほどう): 횡단보도

저는 제한속도를 지켰습니다.

私(わたし)は制限速度(せいげんそくど)を守(まも)っていました。

· 制限速度(せいげんそくど): 제한속도
· 守(まも)る: 지키다

돌발사태

🔊 220

피가 나고 있습니다.

피가 나고 있습니다.

出血(しゅっけつ)しています。

· 出血(しゅっけつ)する : 피가 나다, 출혈하다

걸을 수가 없습니다.

歩(ある)けません。

「歩(ある)ける」는 「歩く」의 가능 동사로, '걸을 수 있다'의 뜻. "움직일 수가 없습니다."는 「動(うご)けません。」.

도와주세요. / 살려주세요.

助(たす)けてください。

도와달라고 할 때 긴급한 상황에서는 뒤의 「ください」를 생략하고 「助(たす)けて!」라고만 해도 된다.

 돌발사태

속이 좋지 않습니다.

구급차를 불러 주십시오.
きゅうきゅうしゃ　　よ
救急車を呼んでください。

일본에서도 구급차를 부를 때는 119에 전화한다. 이 때 「ひゃくじゅうきゅう」라고 말하지 않고, 우리처럼 숫자 하나 하나를 읽어서 「いちいちきゅう」라고 한다.
· 救急車(きゅうきゅうしゃ): 구급차, 앰블런스
· 呼(よ)ぶ: 부르다

속이 좋지 않습니다.
き ぶん　　わる
気分が悪いんです。

「気分(きぶん)が悪(わる)い」는 '기분이 나쁘다'가 아니라, '속이 불편하다', '몸상태가 좋지 않다'라는 뜻으로 쓰였다. "토할 것 같아요." 「吐(は)き気(け)がします。」

현기증이 납니다.
め
目まいがします。

· 目(め)まいがする: 현기증이 나다

일본어로 비즈니스하기

DAY 222

손님이 왔을 때

어서 오십시오.(안내데스크에서)

いらっしゃいませ。

회사의 안내데스크에서도 이렇게 인사한다. 이어서 용건이 뭐냐고 묻고 싶다면, 「ご用件(ようけん)は何(なん)でしょうか。」라고 묻거나, 그냥 미소띤 얼굴로 상대방을 쳐다보면 무슨 일로 왔는지 상대방이 먼저 말할 것이다.

영업부의 가토 씨를 뵈러 왔습니다.(뵙고 싶은데요.)

営業部の加藤さんにお目にかかりたいんですが。

실례지만 약속하셨나요?

失礼ですが、お約束なさっていますでしょうか。

예, 2시에 만나뵙기로 되어 있는데요.

はい、2時にお会いすることになっていますが。

(담당자에게 전화를 걸어)가토 씨, 김민수 씨가 로비에 와 계십니다.

加藤さん、金ミンス様がロビーにお見えです。

보통 「さん」이라고 부르지만, 거래처나 손님에 대해서는 「さま」라는 존칭을 쓴다. 「お見(み)えです」는 '보이십니다' 즉, 손님이 오셨다는 얘기.

DAY 223 손님 안내하기

곧 올테니까요, 잠시만 기다려 주십시오.

すぐ参(まい)りますので、少々(しょうしょう)お待(ま)ちください。

담당자가 올 때까지 잠시 기다리라는 뜻이다. 「来(く)る」 대신 겸양어 「参(まい)る」를 쓰고 있다.

7층으로 올라가시면 됩니다.

７階(ななかい)までお上(あ)がりください。

제가 안내해 드리겠습니다.

私(わたし)がご案内(あんない)いたします。

「わたくし」라고 하면 더욱 정중하게 들린다. 「案内(あんない)してあげます。」는 정중한 표현이 아니다. 「お/ご~いたします」문형.

(손으로 가리키며)엘리베이터는 저쪽에 있습니다.

エレベーターはあちらです。

이쪽으로 오세요.

どうぞこちらへ。

"이쪽으로 따라 오세요." 하고 손님을 안내할 때 쓸 수 있는 표현이다.

비즈니스

# 첫 만남(거래처 방문)

안녕하세요. 서울무역의 김민수입니다.

はじめまして。ソウル貿易の金ミンスです。

김민수 씨에 대해서는 말씀 많이 들었습니다.

金さんのことはかねがねうかがっております。

만나 뵙고 싶었습니다.

お会いするのを楽しみにしていました。

· お会(あ)いする: 만나뵙다 = お目(め)にかかる
· 楽(たの)しみにする: 기대하다, 고대하다

늦어서 죄송합니다.

遅くなってすみません。

비즈니스에서는 시간 약속은 꼭 지키도록 하자. 1분이라도 늦었다면 이렇게 말해야겠다. 늦게 와서 미안하단 뜻이지만, 팩스나 편지 등 답장이 늦어져서 미안하다고 할 때도 이렇게 쓸 수 있다.

기다리게 해서 죄송합니다.

お待たせしてすみません。

본격 비즈니스 ①

이게 신제품 카탈로그입니다.

これが新商品のカタログです。

특히 젊은층에 인기가 있습니다.

特に若い人に人気があります。

대기업에도 납품한 실적을 가지고 있습니다.(납품하고 있습니다.)

大手企業にも納品させていただいております。

자기쪽의 행동에 대해서는 '하고 있다'는 단순한 표현도 「している」가 아니라 「させていただいている」로 표현하고 있다. 상대쪽에서 그렇게 하라고 해주어서 한다는 뉘앙스로, 겸손한 표현이다. 이 표현이 너무 어려우면 「納品(のうひん)しております」라고 해도 된다.

· 大手企業(おおてきぎょう): 대기업

엄격한 테스트를 거치고 있습니다.

厳しいテストを行っております。

무엇보다도 고품질과, 가격 경쟁력이 장점입니다.

何よりも高い品質と値段の競争力がメリットだと思います。

DAY 226

본격 비즈니스 ②

이건 어떤 물건이죠?

これはどのような品物ですか。

·品物(しなもの): 물건, 상품

판매는 어떻습니까?

販売の方はいかがですか。

꾸준히 성장세를 보이고 있습니다.

安定した伸びを見せております。

·安定(あんてい)した: 안정된   ·伸(の)び: 신장, 성장세

소비자의 반응은 어떻습니까?

消費者の反応はどうですか。

·消費者(しょうひしゃ): 소비자   ·反応(はんのう): 반응

나온 지 얼마 되지 않았지만, 반응이 아주 좋은 편입니다.

出たばかりのものですが、なかなか好評です。

「新商品(しんしょうひん)ですが」(신제품입니다만)라고 해도 같은 뜻.

결정하기 전에

음, 잠깐만요.(좀 보구요...)

う～ん、そうですね。

잠깐만요. 생각 좀 해보구요.

すみません。もう少し 考えさせてください。

좀 더 검토해 보고 연락 드리겠습니다.

もう少し検討してからご連絡します。

설명 잘 들었습니다. 저희도 적극적으로 검토해 보겠습니다.

ご説明ありがとうございました。私共も前向きに検討させていただきます。

· 前向(まえむ)きに: 전향적으로, 적극적으로, 긍정적으로
· 検討(けんとう)させていただきます: 검토하겠습니다(겸양표현)

금주 중으로 대답해 드리겠습니다.

今週中にお答えします。

내가 '~하겠다(해드리겠다)'는 「お/ご~する」, 상대방이 하는 것은 '~하시다'의 의미로 「お/ご~になる」.

상대방의 의사를 확인할 때

몇 가지 여쭤봐도 되겠습니까?

いくつかおうかがいしてもよろしいですか。

그러니까, 좀 더 시간이 걸린다는 말씀이시군요.

それでは、もう少し時間がかかるということですね。

'~라는 말씀이죠?'란 뜻으로 「~ということですね」 대신 「~とのことですね」라고도 할 수 있다.

다시 한번 더 설명드릴까요?

もう一度ご説明しましょうか。

의문 나시는 것이 있으시면 말씀해 주십시오.

ご質問がおありでしたらどうぞ。

그럼, 계약서를 준비해도 되겠습니까?

それでは、契約書を準備してもよろしいですか。

DAY 229 대화를 이끌어가는 한마디

그럼, A건에 대해 말씀드리겠습니다.

それでは、Aの件（けん）について申（もう）しあげます。

・〜について: 〜에 대해서, 〜에 관해서

귀사의 책을 한국에서 출판하고 싶습니다만….

御社（おんしゃ）の本（ほん）を韓国（かんこく）で出版（しゅっぱん）したいんですが…。

「貴社（きしゃ）」라는 말도 있지만, 「御社（おんしゃ）」를 많이 쓴다. 회사 이름에 「さん」을 붙여 '소니상', '삼성상'처럼 친근하게 부르기도 한다.

말씀 중에 죄송합니다만….

お話（はなし）中（ちゅう）すみませんが…。

갑자기 화제가 바뀝니다만….

急（きゅう）に話題（わだい）が変（か）わりますが…。

「急（きゅう）に」는 '급하게（急（いそ）いで）'가 아니라 '갑자기'란 뜻이다.

그런데, 지난번 팩스로 보내드렸던 기획안은 검토해 보셨습니까?

ところで、この間（あいだ）ファックスでお送（おく）りした企画書（きかくしょ）はご検討（けんとう）いただけたでしょうか。

비즈니스

계약이 성사되었을 때

자, 여기 계약서입니다. (계약서가 되겠습니다.)

はい、こちらの方（ほう）が契約書（けいやくしょ）になります。

여기하고, 여기, 사인하시면 됩니다.

ここと、ここ、サインお願（ねが）いします。

계약서가 한글로 되어 있는데 괜찮으십니까?

契約書（けいやくしょ）がハングルになっていますが、よろしいですか。

'괜찮으시다면', '지장 없으시다면'이라고 할 때「よろしければ」를 많이 쓰는데,「おさしつかえありませんでしたら」도 쓴다.

·영문: 英文(えいぶん)

귀사와 같이 일을 할 수 있게 되어 영광스럽게 생각합니다.

御社（おんしゃ）とご一緒（いっしょ）に仕事（しごと）ができ光栄（こうえい）に思（おも）っております。

감사합니다. 기대에 어긋나지 않도록 최선을 다하겠습니다.

恐縮（きょうしゅく）です。ご期待（きたい）にそえるようがんばりたいと思（おも）います。

윗말에 대한 대답표현이다.「恐縮(きょうしゅく)」는 '황송하다'는 뜻.

DAY 231

성사되지 않았을 때

저희도 좀 더 생각해 보겠습니다.

私共のほうでも考えさせていただきます。

회의를 거쳐 연락을 드리도록 하겠습니다.

会社を通して連絡させていただきます。

직역하면 '회사를 통해서' 즉 '윗사람에게 물어보고 나서'의 뜻.

다음 기회에 다시 뵙게 되기를 바랍니다.

またの機会にお会いできたらと思います。

· またの機会(きかい)に: 또 다른 기회에, 다음 기회에('다음'이라고 하면 「つぎの」만 생각하기 쉬우나, 이런 표현도 알아두자.)
· お会(あ)いできたら: 만나뵐 수 있다면

시간을 내 주셔서 감사했습니다.

お時間をさいていただいてありがとうございました。

· 時間(じかん)をさく: 시간을 쪼개다, 시간을 내다

다시 한번 검토해 주시지 않겠습니까?

もう一度ご検討いただけないでしょうか。

방문을 마치고 나올 때

오늘 바쁘신데 시간 내주셔서 정말 감사합니다.

今日はお忙しいところお時間を取っていただきまして、ありがとうございました。

- お時間(じかん)を取(と)っていただきまして: 시간 내주셔서 = お時間(じかん)をさいていただきまして
- お忙(いそが)しいところ: 바쁘신 가운데, 바쁘신 중에, 바쁘실 텐데

그럼, 다음에 또 뵙겠습니다.

じゃ、またお会いしましょう。

(보내는 사람)그럼, 살펴 가십시오.

じゃ、お気をつけて。

"안녕히 가세요." "조심해서 가십시오." "몸 조심하세요." 등의 뜻.
애들끼리 헤어질 때는 「さよ(う)なら」라고 말하기도 한다.

(가는 사람)안녕히 계십시오.

失礼します。

시간을 뺏어 죄송하다는 의미로, 「おじゃましました。」라고 할 수도 있다. 거래처에서 밖에까지 나와서 배웅을 해줄 때 "이제 그만 들어가세요." 하려면 「ここでけっこうです。」(여기까지면 됐습니다.)라고 한다.

DAY 233

관심이 담긴 표현

한국에는 언제 오셨어요?

韓国にはいついらっしゃったんですか。

어제 저녁에 왔습니다.

ゆうべ来ました。

· ゆうべ: 어제 저녁

한국은 이번이 처음이세요?

韓国は今回初めてですか。

아뇨, 3번째입니다.

いいえ、3回目です。

자주 오는 편입니다.

しょっちゅう来ますよ。

· しょっちゅう: 자주, 종종 / 時々(ときどき): 때때로 / たまに: 간혹

비행기로 오시느라 피곤하시겠군요.

飛行機でいらっしゃったからお疲れでしょう。

찾아온 손님에게

일부러 여기까지 찾아와 주셔서 감사합니다.

わざわざこちらまで出向(でむ)いてくださってありがとうございます。

헤매지 않으셨나요?

道(みち)に迷(まよ)いませんでしたか。

보내주신 약도가 있어서 바로 찾아올 수 있었습니다.

送(おく)ってくださった略図(りゃくず)のおかげで迷(まよ)わず来(く)ることができました。

·迷(まよ)わず: 헤매지 않고 = 迷(まよ)わないで

조금 헤매긴 했지만, 어떻게든 잘 찾아왔습니다.

少(すこ)し迷(まよ)いましたが、なんとか来(く)ることができました。

더우시죠? 시원한 거라도 드시겠어요?

お暑(あつ)いでしょう。何(なに)か冷(つめ)たいものでもいかがですか。

"추우시죠?"는 「さむいでしょう。」라고 한다.

DAY 235

전화 ①

여보세요, 여기 한국의 금강기획인데요, 가토 씨 좀 부탁드립니다.

もしもし、こちらは韓国のクムガン企画ですが、加藤さんお願いします。

네, 잠시만 기다려 주십시오.

はい、少々お待ちください。

전화 바꿨습니다. 가토입니다.

お電話かわりました。加藤です。

여보세요? 아, 네, 전 금강기획의 이영은이에요.

もしもし。あっ、私はクムガン企画のイーヨンウンと申します。

아, 네. 안녕하세요? 잘 지내셨어요?

あっ、はい。お元気ですか。お変わりありませんか。

네, 다름 아니라…

はい、ところで…

비즈니스

전화 ②

죄송합니다. 가토 씨는 지금 자리를 비우고 없는데요.

申しわけございません。加藤はただいま席をはずしておりますが。

그 회사의 사장이라도 직원이 「加藤(かとう)」라고 이름만 부르는 것이 일본의 경어법이다.(상대방에 대해 자기 쪽을 낮추는 것)

지금, 다른 전화를 받고 있는데, 잠시 기다리시겠습니까?

ただ今、他の電話に出ておりますが。少々お待ちいただけますか。

「電話(でんわ)に出(で)る。」는 "전화를 받다." "아무도 전화를 안 받는다."는 「だれも電話(でんわ)に出(で)ない。」.

예, 기다리겠습니다.

はい、待たせていただきます。

편한 상대라면 「待(ま)ちましょうか。」(기다릴까요?)라고 할 수도 있다.

그럼, 제가 나중에 다시 걸겠습니다.

それでは、私のほうからあとでもう一度お電話します。

DAY 237

전화 ③

그럼, 몇 시쯤 전화드리면 되겠습니까?

それでは、何時ごろお電話すればよろしいですか。

「お電話すれば」를「お電話さしあげれば」로 하면 더욱 정중하다.

한국의 이영은에게서 전화 왔었다고 전해 주세요.

韓国のイ・ヨンウンから電話があったとお伝えください。

'전화왔었다고'는「電話きたと」가 아니라「電話あったと」로 표현한다.

전화번호는 가토가 알고 있습니까?

電話番号は加藤が存じていますでしょうか。

혹시 모르니까, 전화번호를 말씀해 주세요.

念のため電話番号をおっしゃってください。

· 念(ねん)のため: 혹시 모르니까 / まんがいち: 만에 하나

이쪽에서 연락드리도록 하겠습니다.

こちらのほうからご連絡いたします。

DAY 238 팩스를 보낼 때

지금 막 팩스를 보내드렸는데, 받아보셨나요?

たった今ファックスをお送りしたのですが、お受け取りになられましたか。

"잘 도착했나요?"란 뜻으로「ちゃんとついているでしょうか。」라고도 할 수 있다. 受(う)け取(と)る(받아보다) → お受(う)け取(と)りになる(받아보시다 お+ます형+になる) → 여기서 なる를 다시 なられる(존경의 れる형)로 바꾼 것이다.

팩스 글씨는 잘 보입니까?

ファックスの字はちゃんと読めますか。

・ちゃんと: 제대로, 잘

팩스 받으시는 대로 전화 주셨으면 하는데요.

ファックスをお受け取り次第お電話をいただけたらと思うのですが。

・동사의 ます형+次第(しだい): ~하는 대로

지급하오니, 빠른 회신을 부탁드립니다.(팩스문서에서)

急を要するため至急お返事お願いいたします。

팩스를 받고

어제 보내주신 팩스는 잘 받았습니다.

きのう送ってくださったファックスはちゃんと受け取りました。

팩스 받고 연락 드립니다. 들어오시면 바로 전화 주십시오.(응답기 녹음)

ファックスは受け取りました。おもどり次第至急お電話ください。

팩스가 안 들어왔어요. 죄송하지만, 다시 한번 보내 주세요.

ファックスが来ていないので、申しわけありませんが、もう一度送ってください。

글씨가 잘 안 보이니까, 다시 한번 보내 주세요.

字がよく見えないので、もう一度お願いします。

마지막 페이지가 오다가 잘렸어요. 그것만 다시 보내 주세요.

最後のファックスが途中で切れてしまいました。それだけもう一度送ってください。

비즈니스

접대-식사 초대

오늘 저녁 식사 같이 하시죠?

今晩夕食 ご一緒にいかがですか。

일본에서 손님이 왔을 때, 상대방의 스케줄도 있으므로 정중하게 이렇게 물어보는 것이 좋다. 꼭 식사를 대접할 계획이라면 담당자에게 미리 연락을 해두는 것도 좋은 아이디어.

오늘은 제가 대접해 드리겠습니다.

今日は私がご馳走いたします。

'한턱내다'란 뜻의 「おごる」는 직장동료나 친구 등 친한 사람에게 쓰는 말이고, 비즈니스에서는 식사도 어디까지나 접대이므로 「ごちそういたします」하고 정중하게 말하고 있다.

·ご馳走(ちそう)する: 대접하다(ごちそうさま: 잘 먹었습니다)

멀리서 이렇게 오셨는데, 식사라도 같이 하시죠?

はるばるいらっしゃったのですから、お食事でもご一緒しませんか。

「はるばる」는 '멀리서'란 뜻으로 일본에서 여기까지 오셨는데 하는 마음이 담긴 표현이다. '모처럼'이라고 할 때는 「せっかく」란 말을 쓰기도 하는데, 이와 같은 상황에서는 관용적으로 쓰는 표현이므로 이대로 외워두었다가 써보자.

음식점에서

7시에 5명 예약했는데요.

7時に五人で予約してあるんですが。

「予約(よやく)してあるんですが。」는 "예약해 두었는데요."란 뜻.

자, 안쪽으로 앉으세요.

さあ、奥のほうにどうぞお座りください。

奥(おく)のほう: 안쪽. 이렇게 말하지 않고, 손으로 방향을 가리키며 「さあ、どうぞ。」라고 해도 된다. 초대한 사람이 문 쪽에 앉고, 초대받은 사람이 안쪽으로 앉는 것은 기본상식. 손님을 문 쪽으로 앉히는 것은 실례이므로, 자리를 미리 잘 보고 권하도록 하자.
お座(すわ)りください: 앉으세요. (「お+ます형 +ください」 형태로 정중한 명령문을 만들 수 있다. 더욱 정중하게 말하고 싶다면 「お+ます형+になってください」로 하면 된다.

편히 앉으세요.

どうぞ楽になさってください。

「楽(らく)にする」는 '편히 하다' 즉 편하게 앉으란 뜻이다. 좀 더 친한 상대라면 「どうぞ楽(らく)にしてください。」라고 할 수도 있다.

비즈니스

주문할 때

뭐가 좋을까요?

何がいいですか。

더 정중하게 하려면 「何(なに)がよろしいですか。」.

별로 가리는 것 없으니까 적당히 시켜 주세요.

好き嫌いはありませんので、適当に注文してください。

「好(す)き嫌(きら)い」는 좋아하고 싫어하는 것, 「好(す)き嫌(きら)いがある」는 좋아하고 싫어하는 것이 있다, 즉 편식한다, 음식을 가린다는 뜻이 된다.
· 適当(てきとう)に: 적당히
· 注文(ちゅうもん)する: 주문하다

그럼, 이 집에서 잘하는 것으로 시키겠습니다.

じゃ、この店のおすすめメニューを注文します。

여기서 '집'이란 '가게'를 뜻하므로 「みせ」라고 해야 한다. 「おすすめメニュー」는 '추천할 만한 요리'란 뜻. 「今日(きょう)の おすすめは何(なん)ですか。」(오늘 추천음식은 뭐죠?)와 같이 쓰기도 한다.

DAY 243

음식이 나오고

음료는 맥주 괜찮으세요?

飲み物はビールでよろしいですか。

식사를 하기 전에 일단 맥주로 간단하게 건배를 하고 시작하면 분위기가 부드러워진다.

그럼, 건배하시죠.

では、乾杯しましょう。

·乾杯(かんぱい): 건배

자, 드세요.

さあ、どうぞ召し上がってください。

「さあ、どうぞどうぞ。」(자, 어서 많이 드세요.)라고도 한다. 이때 먹는 사람은 「いただきます。」.

일단, 맥주 한잔 드시죠.

とりあえずビールを一杯どうぞ。

·とりあえず: 일단

집에서 먹을 때

차린 건 없지만, 많이 드세요.

何もありませんが、たくさん召し上がってください。

「何(なに)もありませんが」는 '아무것도 없습니다만, 차린 것 없습니다만'이란 뜻으로 음식을 준비한 쪽에서 인사말로 이렇게 말한다.

잘 먹겠습니다. / 잘 먹었습니다.

いただきます。/ ごちそうさまでした。

많이 드세요.

たくさん召し上がってください。

맛이 어떠세요?

味はいかがですか。

입에 맞으세요?

お口に合いますか。

"맛있다~." 하고 혼자 말할 때는 「おいしい。」, "맛있네요." 하고 말하고 싶다면 「ほんとうにおいしいですね。」(정말 맛있네요.).

· 口(くち)に合(あ)う: 입에 맞다

한창 식사중일 때

역시 본고장에서 먹으니 정말 맛있네요.

さすが本場の味、本当においしいですね。

· さすが: 듣던 대로, 과연, 역시
· 本場(ほんば): 본고장

더 드시죠? / 더 드릴까요?

お代わりはどうですか。

「お代(か)わり」는 밥이나 커피 등을 더 먹는 것을 말한다. 집에서 "밥 더 줘!" 할 때는 "おかわり!"하고 외친다.

너무 많이 먹었습니다. 배가 부른걸요.

たくさんいただきました。もうおなかがいっぱいです。

· おなかがいっぱいだ: 배가 부르다

고추장을 넣어서 이렇게 비벼서 먹는 겁니다.

とうがらしみそを入れてこのように混ぜて食べるんです。

· とうがらしみそ: 고추장 / ごま油(あぶら): 참기름

식사가 끝날 무렵

숭늉도 맛있어요. 드세요.

スンニュン(おこげ)もおいしいですよ。どうぞ。

이건 디저트로 나오는 식혜라는 한국의 전통음료예요.

これは最後に口直しに出てくるシッケという韓国の飲み物です。

수정과는「スジョンガ」.
· 口直(くちなお)し: 입가심, 후식, 디저트(デザート)

자, 그럼 일어나실까요?

それじゃ、そろそろお開きにしましょうか。

· そろそろ: 이제 슬슬(자리에서 일어날 시간이 다가왔을 때)
· お開(ひら)きにする: (회식자리)파하다, 마치다

- 그럼, 슬슬 이쯤에서 (마무리하죠).

  では、そろそろこのあたりで。

- 슬슬 시간이 되었네요.

  そろそろお時間ですね。

DAY 247

헤어질 때

(접대받은 사람)오늘 정말 잘 먹었습니다.

今日は本当にごちそうさまでした。とてもおいしかったです。

(접대한 사람)맛있게 드셨다니 다행입니다.

料理がお口に合ってよかったです。

직역하면 "음식이 입에 맞으셔서 다행입니다."란 뜻.

그럼, 살펴 가십시오.

じゃ、お気をつけて(お帰りください)。

그럼, 내일 아침 8시에 호텔 로비에서 뵙겠습니다.

じゃ、明日 8 時にホテルのロビーで。

오늘은 피곤하실테니까 푹 쉬십시오.

今日はお疲れでしょうから、ゆっくりお休みください。

"푹 잘 잤다."고 할 때는 「ぐっすり眠(ねむ)れた。」라고 한다.

가라오케에서

자, 가토 씨도 한 곡 부르세요.

さあ、加藤さんも一曲どうぞ。

일본 노래도 있으니까 골라보세요.

日本の歌もありますから、選んでみてください。

·選(えら)ぶ: 선택하다

한국 노래 중에 아는 것 있어요?

韓国の歌で、何かご存知の歌がありますか。

ご存知(ぞんじ)の: 알고 계시는, 아시는. 편한 상대라면 「知(し)っている」라고 해도 된다.

(노래를) 참 잘하시네요.

本当に(歌が)お上手ですね。

우와, 가수나 다름없네요.

うわー、まるで歌手みたいですね。

·まるで: 마치
·歌手(かしゅ): 가수(발음이 비슷하지만, 일본어는 '카슈'로 발음한다.)

술자리에서

술은 잘하시는 편이세요?

お酒は強いほうですか。

조금밖에 못 마십니다. 금방 취해버려요.

たしなむ程度です。すぐに酔ってしまいます。

「たしなむ」는 잘하지는 못하지만, 즐기는 정도로 애호한다는 뜻. 「少(すこ)ししか飲(の)めません。」이라고 해도 된다.
· 程度(ていど): 정도 · すぐに: 바로 · 酔(よ)う: 취하다

이건 백세주라는 술인데, 한번 마셔 보세요.

これは百歳酒というお酒なんですが、一度飲んでみてください。

맛이 어때요? 괜찮지요?

お味はいかがですか。お口に合いますか。

2차, 어떠세요?

2次回はいかがですか。

· 2次回(にじかい): 2차

로비도 일본어로

이번 일이 잘 성사될 수 있도록 부탁드리겠습니다.
今回の件がうまくいくように何とぞよろしくお願いいたします。

저도 힘껏 노력해보겠습니다.
私も力の限り、お助けしたいと思っています。

· 力(ちから)の限(かぎ)り: 힘껏, 힘닿는 대로

저도 잘 되기를 바라고 있습니다.
私もうまくいくことを願っています。

저희 회사에서는 이번 프로젝트에 사운이 걸려 있습니다.
我が社では今回のプロジェクトに社運がかかっています。

· 我(わ)が社(しゃ): 우리 회사 / 我(わ)が国(くに): 우리나라
· 社運(しゃうん): 사운

사장님께도 말씀 잘 전해 주십시오.
社長にもどうぞよろしくお伝えください。

충고나 조언을 할 때

시미즈건설에 협조를 구하는 것도 한 방법인 것 같습니다만….

清水建設にお口ぞえをいただくのも一つの方法だとは思いますが…。

「口(くち)ぞえ」는 곁에서 말을 거들거나, 추천해주는 것을 말한다.

그 건이라면 에이전시를 통하는 것이 좋겠습니다.

その件でしたら代理店を通すのがいいと思います。

제가 아는 사람이 있는데, 소개해 드릴까요?

私の知り合いの方がいるのですが、紹介しましょうか。

명함을 드릴테니, 야마구치은행의 지점장을 만나 보십시오.

名刺をさし上げますから、山口銀行の支店長にお会いになってみてください。

명함을 줘서 통할 정도의 위치에 있는 사람이라면, 명함으로도 간단한 소개장의 역할을 대신할 수도 있다.

·支店長(してんちょう): 지점장

칭찬할 때

어떻게 그렇게 잘 아시죠?

ほんとうにいろいろよくご存知(ぞんじ)ですね。

짧게「よくごぞんじですね。」라고 할 수도 있다.

많은 도움이 되었습니다.

いろいろ助(たす)かりました。

사무실이 아주 훌륭하군요.

いいオフィスですね。

・オフィス: 사무실 = 社務所(じむしょ)

직원들이 모두들 친절하시네요.

社員(しゃいん)の方(かた)がみなさんとても親切(しんせつ)ですね。

「社員(しゃいん)の方(かた)」는 '직원분', '직원되시는 분'.

농담을 아주 잘하시네요.

ジョークがお上手(じょうず)ですね。

・ジョーク: 조크, 농담 = 冗談(じょうだん)

DAY 253 칭찬을 받았을 때

과찬의 말씀이십니다.

とんでもございません。

너무 비행기 태우지 마세요.

そんなにお世辞(せじ)を言(い)わないでください。

· お世辞(せじ)を言(い)う: 아첨하다, 듣기 좋은 빈말을 하다

몸 둘 바를 모르겠군요.

おはずかしい限(かぎ)りです。

직역하면 "부끄러울 따름입니다." 지만, "몸 둘 바를 모르겠습니다."란 뜻으로 이렇게 표현한다.

아닙니다. 그 정도는 아니에요.

いいえ、それほどでもありません。

「そうでもありません。」(그렇지도 않아요) 「そうでもない。」(그렇지도 않아-반말)도 많이 쓰는 표현이다.

아이구, 별말씀을 다 하시네요.

いいえ、何(なに)をおっしゃっているんですか。

DAY 254 회사에 대해 물어볼 때

지금 회사에서 일하신 지는 얼마나 되세요?

今の会社にはどのくらい勤めていらっしゃるんですか。

· 勤(つと)める: 근무하다

직원은 모두 몇 명 정도 되죠?

社員の方は全部で何人ぐらいですか。

주로 어떤 일을 하세요?

主にどんな仕事をなさっているんですか。

점심은 주로 어떻게 드세요?

お昼はいつもどこで召し上がるんですか。

· 召(め)し上(あ)がる: 드시다

밖에서 사먹는 사람도 있고, 도시락을 싸오는 사람도 있어요.

外で食べる人もいるし、お弁当を持ってくる人もいます。

업무에 대해 물어볼 때

일은 재미있어요?
仕事はおもしろいですか。

좀 힘들긴 하지만, 재미있어요.
少し大変ですが、おもしろいです。

지난 번 그 일은 잘 돼가고 있어요?
先日の件はうまく行っていますか。

바쁘시겠군요.(바쁘시죠?)
お忙しいでしょう。

업무가 끝나면 곧장 퇴근하는 편이세요?
仕事が終わったらまっすぐ家へ帰る方ですか。

요즘은 바빠서 거의 매일 야근이에요.
近頃は忙しくてほとんど毎日残業です。

・近頃(ちかごろ): 요즘, 요사이
・ほとんど: 거의
・残業(ざんぎょう): 잔업(남아서 일하는 것), 야근

비즈니스

일본어로 반말하기 ①

아아, 알았어. 알았어.

ああ、わかった。わかった。

반말은「です」나「ます」체가 아닌 보통체로 하면 된다.

솔직히 말해서

正直(しょうじき)に言(い)って

아아, 그렇겠지(그건 그렇지, 그렇구나)

ああ、なるほど。

상대방의 말을 듣고 '납득이 간다' '이해가 간다'는 뜻으로 맞장구 칠 때 하는 말이다. 아랫사람이 윗사람에게 이렇게 말하면 실례가 될 수 있으므로 주의.

조심해서 가.

気(き)をつけてね。

잘 가, 잘 가라구. 안녕.(헤어질 때)

じゃあね。

일본어로 반말하기 ②

알겠어?

わかった?

진혀 모르겠는걸

ぜんぜんわかんない。

「わかんない」는「わからない」의 회화체표현.

전의 그 일 말이야, 어떻게 됐어?

あの件どうなってる?

잘 돼가고 있어?

うまく行ってる?

(퇴근할 때)한잔 하고 안갈래?

いっぱい飲んでいかないか。(남자 말)

いっぱい飲んでいかない。(여자 말)

좋지. 가자구.(좋아. 가자.)

いいよ。行こう。

자주 쓰는
외래어 미니사전

일본어능력시험 2,3급 수준 및 인터넷, 방송 등 실제
생활에서 자주 쓰이는 외래어를 정리한 것입니다.
일상생활에서 자주 쓰이는 단어로,
발음이 우리와 비슷한 것도 있지만,
무슨 뜻인지 알기 어려운 것도 있으므로,
일본식 영어 읽기에 익숙해지도록 많이 읽어보세요.

ア

アイスクリーム	아이스크림
アイデア・アイディア	아이디어
アイテム	아이템
アイロン	다리미
アウト	아웃(out)
アクセサリー	액서서리
アクセント	액센트
アジア	아시아
アジェンダ	어젠다, 의제
アップ	업(up)
アドバイス	어드바이스
アナウンサー	아나운서
アニメーション	애니메이션
アパート	아파트
アフリカ	아프리카
アプローチ	어프로치
アポ	약속, 예약 (appointment)
アマチュア	아마추어
アメリカ	미국
アルカリ	알카리
アルコール	알코올
アルバイト	아르바이트
アルバム	앨범
アンケート	앙케이트
アンコール	앙콜
アンテナ	안테나

イ

イエス	예스(yes)
イコール	이콜(=)
イメージ	이미지
インターチェンジ	인터체인지
インターナシュナル	인터내셔널
インターネット	인터넷
インターフォン	인터폰
インデックス	인덱스
インテリ	인테리어
インフォーメーション	인포메이션
インフルエンサー	인플루언서
インフレ	인플레이션

ウ

ウエートレス	웨이트리스

エ

エアメール	에어메일
エコノミー	이코노미
エスカレーター	에스컬레이터
エネルギー	에너지
エンジニア	엔지니어
エンジン	엔진

オ

オイル	오일(oil)
オーケー	오케이(OK)
オーケストラ	오케스트라
オートバイ	오토바이
オートマチック	오토매틱
オープン	오픈
オーバー・オーバーコート	오버 / 오버코트
オーバーする	오버하다
オフィス	오피스
オリエンテーション	오리엔테이션
オリジナル	오리지날
オレガン	오르간
オレンジ	오렌지
オンライン	온라인

カ

カー	카(car)
カーテン	카텐
カード	카드
カーブ	커브
カーペット	카펫
カクテル	칵테일
カット	컷트
カップ	컵
カテゴリー	카테고리
カバー	커버
カムバック	컴백
カメラ	카메라
カメラマン	카메라맨
カレー	카레
カレンダー	캘린더
カロリー	칼로리
カンニング	컨닝
ガイド	가이드
ガイドブック	가이드북
ガム	껌
ガラス	유리

キ

キャッチ	캣취(catch)
キャプテン	캡틴
キャリア	캐리어
キャンパス	캠퍼스
キャンプ	캠프
キャンペーン	캠페인
キロ(グラム・メートル)	킬로그램, 킬로미터
ギター	기타
ギャング	갱

부록

ク

クイズ	퀴즈
クーラー	쿨러(냉방장치)
クラシック	클래식
クラス	클래스
クラブ	클럽
クリーニング	클리닝
クリーム	크림
クリスマス	크리스마스
クレーム	클레임, 항의
グラス	유리잔
グラフ	그래프
グラム	그램
グランド	그랜드
グループ	그룹
グレー	그레이, 회색
グローバル	글로벌

ケ

ケーキ	케이크
ケース	케이스
ゲーム	게임
ゲスト	게스트, 손님

コ

コース	코스
コーチ	코치
コート	코트
コード	코드
コーナー	코너
コーヒー	커피
コーラス	코러스
コスパ	가성비(cost performance)
コック	콕(요리사, 벨브)
コップ	컵
コピー	카피, 복사
コマーシャル	커머셜, 광고
コミュニケーション	커뮤니케이션
コメント	코멘트
コレクション	콜렉션
コンクール	콩쿨
コンクリート	콩크리트
コンサート	콘서트
コンセプト	콘셉, 기획의 핵심
コンセント	콘센트
コンタクト	콘택트렌즈
コントロール	콘트롤
コンピューター	컴퓨터
ゴム	고무

サ

サイト	사이트
サークル	서클
サービス	서비스
サイクル	사이클
サイズ	사이즈

サイレン	사이렌	ジャーナリスト	저널리스트
サイン	사인	ジャズ	재즈
サブスク	구독 서비스 (subscription)	ジャム	잼
		ジャンパー	점퍼
サボる	땡땡이치다	ジャンプ	점프
サラダ	샐러드	ジュース	주스
サラリーマン	샐러리맨		
サンキュー	쌩큐		
サンタクロース	산타크로스		
サンダル	샌달		
サンドイッチ	샌드위치		
サンプル	샘플		

シ

シーズン	시즌
システム	시스템
シナリオ	시나리오
シミュレーション	시뮬레이션
シャツ	셔츠
シャッター	셔터
シャネル	샤넬
シャワー	샤워
ショー	쇼
ショック	쇼크
ショップ	숍(가게)
シリーズ	시리즈
シングルマザー	싱글맘(미혼모)
ジーパン	청바지
ジーンズ	진(청)

ス

スーツケース	슈트케이스, 소형여행가방
スーパー(マーケット)	슈퍼
スープ	스프
スカート	스커트
スカーフ	스카프
スキー	스키
スキルアップ	스킬업
スクール	스쿨
スケート	스케이트
スケジュール	스케줄
スター	스타
スタート	스타트
スタイル	스타일
スタジオ	스튜디오
スタッフ	스탭
スタンド	스탠드
スチーム	스팀
スチュワーデス	스튜어디스
ステージ	스테이지
ステレオ	스테레오

ストッキング	스타킹
ストレス	스트레스
ストロー	스트로(빨대)
スピーカー	스피커
スピーチ	스피치
スピード	스피드
スプーン	스푼
スプリング	스프링
スペース	스페이스
スポーツ	스포츠
スポーツカー	스포츠카
スマート	스마트
スラックス	슬랙스, 바지
ズボン	바지

セ

セーター	스웨터
セール	세일
セット	세트
セメント	시멘트
センター	센터
センチ・センチメートル	센티 / 센티미터
ゼミ	세미나
ゼロ	제로

ソ

ソース	소스
ソックス	삭스(짧은 양말)
ソファー	소파
ソフト	소프트
ソロ	솔로

タ

タイトル	타이틀
タイピスト	타이피스트
タイプ	타입
タイマー	타이머
タイミング	타이밍
タイム	타임
タイヤ	타이어
タイル	타일
タオル	타올
タクシー	택시
タレント	탤런트
タワー	타워
ダイヤ・ダイヤモンド	다이아몬드
ダウン	다운
ダブル	더블
ダブる	더블되다, 중복되다
ダム	댐
ダンス	댄스
ダンプ	덤프

(덤프카를 줄여서 이렇게 말함)

チ

チーズ	치즈
チーム	팀
チェック	체크
チェンジ	체인지
チップ	팁
チャンネル	채널
チョーク	초크(분필)

テ

ティッシュ	티슈
テープ	테이프
テーブル	테이블
テープレコーダー	테이프레코더
テーマ	테마
テキスト	텍스트
テスト	테스트
テニス	테니스
テニスコート	테니스코트
テレビ	텔레비전
テレックス	텔렉스
テント	텐트
テンポ	템포
データ	데이터
デート	데이트
デザイン	디자인
デコレーション	데코레이션
デザート	디저트
デジタル	디지털
デッサン	뎃생
デパート	백화점
デモ	데모
デモンストレーション	데모(전시)

ト

トイレ	화장실
トーン	톤
トップ	톱
トラブル	트러블
トランプ	트럼프
トランジスター	트랜지스터
トレーニング	트레이닝
トン	톤
トンネル	터널
ドライ	드라이
ドライクリーニング	드라이클리닝
ドライバー	드라이버, 운전자
ドライブ	드라이브
ドラマ	드라마
ドリル	드릴
ドレス	드레스

부록

ナ

ナイフ	나이프
ナイロン	나일론
ナプキン	냅킨
ナンセンス	넌센스
ナンバー	넘버

ニ

ニュアンス	뉘앙스
ニュー	뉴
ニュース	뉴스

ヌ

ヌード	누드

ネ

ネガ	네가(nega)
ネクタイ	넥타이
ネックレス	목걸이

ノ

ノイローゼ	노이로제
ノー	노
ノート	노트

ハ

ハイキング	하이킹, 등산
ハンガー	행거
ハンカチ	손수건
ハンサム	핸섬
ハンドバッグ	핸드백
ハンドル	핸들
バー	바(bar)
バイオリン	바이올린
バイバイ	바이바이
バス	버스
バス	바스(욕실)
バター	버터
バック	백(배경)
バッグ	백(가방)
バッジ	뱃지
バッテリー	뱃터리
バランス	밸런스
バンド	밴드
パーセント	퍼센트
パーティー	파티
パート	파트
パートナー	파트너
パイプ	파이프
パイロット	파일럿
パジャマ	파자마, 잠옷
パス	패스
パターン	패턴
パチンコ	파칭코

パトカー	패트롤카(경찰차)	ブーム	붐
パパ	파파(papa)	ブザー	부저(경적)
パン	빵	ブラウス	블라우스
パンク	펑크	ブラシ	브러쉬
パンツ	남자용 팬티 또는 바지	ブレーキ	브레이크
		プール	풀장
		プラス	플러스

ヒ

ヒント	힌트
ビール	맥주
ビジネス	비즈니스
ビタミン	비타민
ビデオ	비디오
ビニール	비닐
ビル	빌딩
ビルディング	빌딩
ピアノ	피아노
ピストル	피스톨
ピン	핀
ピンク	핑크

プラスチック	플라스틱
プラットホーム	플랫폼
プラン	플랜
プリー	프리
プリント	프린트
プレゼン	프리젠테이션, 발표
プロ	프로
プログラム	프로그램
プロジェクト	프로젝트

ホ

ホース	호스
ホーム	홈
ホール	홀
ホテル	호텔
ホルモン	호르몬
ボイコット	보이콧
ボーイ	보이
ボート	보트
ボーナス	보너스
ボール	볼
ボールペン	볼펜

フ

ファイト	화이트
ファイル	화일
フィルター	필터
フィルム	필름
フォーム	폼
フライパン	후라이팬
フロント	프론트
ブーツ	부츠

ボタン	버튼	ミス	미스(miss), 실수
ボルト	볼트	ミス	미스(Miss)
ポイント	포인트	ミスプリント	미스프린트
ポケット	포켓	ミセス	미시즈(Mrs.)
ポジション	포지션	ミュージック	뮤직
ポスト	포스트(우체통)	ミリ(メートル)	밀리미터
ポンプ	펌프	ミルク	밀크

マ

マーク	마크
マーケット	마켓
マイク	마이크
マイクロホン	마이크로폰
マイナス	마이너스
マガジン	매거진
マスク	마스크
マスコミ	매스컴
マスター	마스터
マッサージ	마사지
マッチ	매치
マフラー	머플러
ママ	마마(mama)
マルチメディア	멀티미디어
マラソン	마라톤
マンション	맨션

ミ

ミサイル	미사일
ミシン	미싱

ム

ムード	무드

メ

メーカー	메이커
メートル	미터
メッセージ	메세지
メディア	미디어
メニュー	메뉴
メロディー	멜로디
メンバー	멤버

モ

モーター	모터
モザイク	모자이크
モダン	모던
モデル	모델
モニター	모니터

ヤ

ヤング　　　　영(young), 젊은이, 청년

ユ

ユーモア　　　유모어
ユニーク　　　유니크

ヨ

ヨーロッパ　　유럽
ヨット　　　　요트

ラ

ライス　　　　라이스
ライター　　　라이터
ラジオ　　　　라디오
ラッシュアワー　러시아워
ラベル　　　　라벨
ランチ　　　　런치
ランニング　　런닝
ランプ　　　　램프

リ

リード　　　　리드
リクエスト　　신청
リズム　　　　리듬
リットル　　　리터
リボン　　　　리본

ル

ルーズ　　　　루즈(헐렁한)
ルール　　　　룰(rule)

レ

レインコート　　레인코트
レース　　　　레이스
レギュラー　　레귤러
レクリエーション　레크레이션
レコード　　　레코드
レジャー　　　레저
レジュメ　　　요약문, 개요
レストラン　　레스토랑
レッスン　　　렛슨
レデイー　　　레디(준비)
レバー　　　　레버
レベル　　　　레벨
レポート　　　리포트
レンジ　　　　(가스)렌지
レンズ　　　　렌즈
レンタカー　　렌트카

ロ

ロープウエイ　로프웨이(케이블카)
ロープ　　　　로프, 줄
ローマじ　　　로마자
ロケ　　　　　로케(야외촬영)
ロケット　　　로켓

부록

ロス	로스(손실)
ロッカー	로커(사물함)
ロビー	로비
ロマンチック	로맨틱

ワ

ワイシャツ	와이셔츠
ワイン	와인
ワクチン	백신
ワット	와트(W)
ワンピース	원피스

매일 말하고 써먹는 상황별 표현

일본어 회화

초판	2025년 8월 25일
발행인	이기선
발행처	제이플러스
주소	경기도 고양시 덕양구 향동로 217
영업부	02-332-8320 편집부 02-3142-2520
홈페이지	www.jplus114.com
등록번호	제 10-1680호
등록일자	1998년 12월 9일
ISBN	979-11-5601-292-4

ⓒ JPLUS 2025

* 파본은 구입하신 서점이나 본사에서 바꾸어 드립니다.
* 책에 대한 의견, 출판 희망 도서가 있으시면 홈페이지에 글을 남겨 주세요.